결국, 한동훈

결국, 한동훈

초판 1쇄 인쇄 2025년 4월 21일
초판 1쇄 발행 2025년 4월 28일

지은이 김동찬
발행인 전익균

이사 정정오, 윤종옥, 김기충
기획 조양제
편집 김혜선, 전민서, 백서연
디자인 최윤정
관리 이지현, 김영진
유통 새빛북스

펴낸곳 에이원북스
전화 (02) 2203-1996, (031) 427-4399 **팩스** (050) 4328-4393
출판문의 및 원고투고 이메일 svcoms@naver.com
등록번호 제215-92-61832호 **등록일자** 2010. 7. 12

값 19,000원
ISBN 979-11-91517-43-9 03340

김동찬
지음

법치주의와
자유민주주의
가치를 추구하는
보수의 미래

에이원북스 AONEBOOKS

추천사

정치는 결국,

어떤 순간에 어떤 선택을 했는가로 남습니다.

2024년 12월 3일, 그날 국회는 대한민국 헌정질서를 위협하는 중대한 위기에 직면해 있었습니다. 그 누구도 확신을 갖기 어려웠던 그 순간, 한 사람은 주저하지 않았습니다. 한동훈 대표는 누구보다 먼저 국회로 향했고, 가장 선두에 섰습니다.

그의 선택은 우리 당을 지켰고, 헌법을 지켰으며, 무엇보다 국민의 생명을 지켜냈습니다.

정치인으로서 저 조경태는 수많은 사람들을 보아왔습니다.

그러나 위기 앞에서 그렇게 단호하면서도, 품격을 잃지 않은 리더는 흔치 않았습니다.

한동훈은 정치가 추구해야 할 본령本領을, 말이 아닌 실천으로 증명한 인물입니다.

이 책『결국, 한동훈』은 단순한 찬사의 기록이 아닙니다. 한 사람의 언어와 행동, 철학과 비전을 과학자의 눈으로 분석한 정밀한 리더십 보고서입니다.

　김동찬 박사는 이공계 출신의 학자답게, 감정이 아닌 데이터와 구조, 논리로 한동훈이라는 리더의 가능성을 입증해냅니다.

　당이 국민과 멀어지고, 정치가 본질을 잃어가는 시대.

　우리는 이 책을 통해 다시 묻게 됩니다.

　"지금 대한민국에 필요한 리더는 누구인가?"

　한동훈은 지금 우리가 잃어버린 정치의 가치를 복원하고자 합니다. 공정, 책임, 용기, 그리고 헌법에 대한 존중. 그 정신을 저는 신뢰합니다.

　『결국, 한동훈』이 책은 이 시대를 고민하는 국민들이 반드시 읽어야 할 책입니다.

　정치가 시대를 반영한다면, 좋은 리더는 그 시대의 방향을 제시해야 합니다.

　저는 확신합니다. 중요한 갈림길에 서 있는 지금, 대한민국.

　그 길의 한복판에서 국민과 함께 걸어갈 인물 중 하나가 바로 한동훈일 것이라고.

조경태 국민의힘 국회의원(6선)

나는 한동훈을 가까이에서 지켜본 사람이다.

언론인으로서 냉정하게 그를 평가하려고 노력했다.

그 과정에서 나는 한 가지 확신을 얻었다. 한동훈은 대한민국
이 반드시 필요로 하는 인물이다.

나는 그동안 언론의 세계에서, 한동훈은 법조의 세계에서 현
실과 맞닥뜨리며 살아왔다. 그런데 이 책『결국, 한동훈』을 쓴 김
동찬 박사는 전혀 다른 시각을 제시한다.

김박사는 이공계 출신 과학자로서, 한동훈이라는 인물을 데
이터와 구조, 시스템의 언어로 풀어낸다. 이러한 또다른 접근이
이 책의 가치를 더한다.

김동찬 박사는 감정에 치우치지 않고, 한동훈의 언어와 행동,
철학과 비전을 체계적으로 들여다본다.

그러면서 묻는다.

"지금 이 나라에 필요한 리더는 어떤 사람인가?"

이 책은 단순히 한동훈이라는 인물을 응원하는 데 그치지 않
는다.

한동훈을 논리적으로 검증하고, 국가 지도자로서의 가능성을
탐구하며, 미래를 위한 현실성 있는 제안을 던진다.

과학적 분석과 현실적 고민이 담긴 이 작업은 정치인 한동훈
에게 던지는, 어찌보면 묵직한 숙제라고 할 수 있다.

한동훈은 말만 현란한 사람이 아니다. 항상 국민의 시각에서

문제를 보고, 그들의 언어로 소통하며, 실질적으로 국민의 삶의 변화를 만들어낼 잠재력을 가지고 있다. 이 책은 그 잠재력을 이야기한다.

많은 분들께 권하고 싶다.

한동훈을 지지하든, 의심하든, 혹은 잘 모르겠든, 이 책을 읽으면 한동훈에 대한 생각이 조금 더 명확해질 것이다.

정치는 결국 사람이 만드는 것.

그리고 이 책은 그 '사람'을 새롭게 조명한다.

한 번 읽어보시길 바란다.

그 뒤의 판단은 여러분의 몫이다.

김종혁 전 국민의힘 최고위원, 전 중앙일보 편집국장, 국민의힘 고양병 당협위원장

2024년 12월 3일 비상계엄이 선포된 날로부터 2025년 4월 4일 헌법재판소가 대통령의 파면을 선고하기까지 4개월은 정말 징그러운 시간이었다.

윤석열은 내가 평생 처음으로 정당 당원이 되어 응원했던 대통령이었다. 그런 사람의 입에서 나오는, 군대를 동원해서 국민의 기본권을 제한하겠다는 선언을 방송으로 들었을 때 당혹스러움을 넘어 참담하던 기억이 지금도 생생하다.

"어머나! 저 인간이 미쳤는가 봐!" 충격으로 얼어붙어 티비 화면만 멍하니 응시한지 30분쯤 흘렀을까. 한동훈 당시 국민의힘 당 대표의 메시지가 속보로 뜨기 시작했다.

"대통령의 비상계엄 선포는 잘못된 것입니다. 국민과 함께 막겠습니다. 국민의힘 당대표 한동훈."

아! 다행이다! 라고 안도의 한숨을 쉬었다. 한동훈이 나섰으니 비상계엄이 곧 해제될 것 같았고, 불법 비상계엄을 선포한 대통령이 있는 정당 당원이라는 자괴감을 한동훈 당대표 덕분에 그나마 덜어낼 수 있어서 다행이었다.

대통령의 비상계엄 해제 발표를 기다리던 그 날 새벽에는 '차라리 잘된 일일 수도 있다'는 낙관적인 전망도 해봤다.

임기 중반에 총선 패배로 이미 레임덕에 들어간 정부가 비상계엄이라는 자살폭탄을 터뜨렸으니 조만간 탄핵되어 물러날 것이고, 비상계엄을 국민과 함께 막겠다고 나섰던 당대표를 후보로 세우면 조기 대선에서 승리할 수 있다는 상상의 나래를 펴봤다.

불행히도 그 상상은 통렬하게 빗나갔고 국민의힘 당은 계엄 선포 대통령을 감싸고 탄핵을 반대하며 한동훈을 대표직에서 밀어내는 천하의 어리석은 자책골을 넣었다.

위헌 비상계엄을 선포한 대통령을 다시 모시겠다는 이 한심한 구제불능 국민의힘 당에 나는 왜 아직도 미련을 못 버리고 남아있는가.

그 이유는 오로지 한동훈과 그를 지지하는 당원 동지들 때문이다. 국민의힘 당의 친한계는 피고인 이재명 아래 단결한 일극체제로 전락한 민주당을 거부하는 이들인 동시에 중대한 헌법 위반으로 국민의 신임을 배반한 대통령을 과감히 손절한 이들이다.

나는 이들이야말로 국민의힘 당이라는 쓰레기통에서 피어난 장미꽃들이며 대한민국 민주주의를 지키는 최후의 보루라고 생각한다.

이 장미꽃들과 함께 6월의 장미 대선을 승리로 이끌자는 희망을 함께 하는 분들, 지난 넉달 동안 징그러운 갈등과 분열이라는 고통의 용광로를 거쳐 이 나라의 민주주의가 더욱 강인한 체질로 되살아나리라는 낙관을 함께하는 동료시민 여러분들에게 이 책, 『결국, 한동훈』을 추천드린다.

오진영 작가, 시사평론가, 『새엄마 육아일기』 저자

2024년 12월 3일 밤,

한동훈 대표는 혼란의 한가운데서,

누구보다 먼저 계엄의 위헌, 위법성을 선언하였습니다.

여당의 대표로서 선명했던 그의 말과 행동은 그 자리에 있던 저를 비롯한 대한민국의 정치인들과 대한민국의 국민들을 또 한 번의 군사정부 등장의 위험에서 구해냈습니다.

김동찬 박사의 역저인 『결국, 한동훈』은 그날의 결단, 그 이후의 신념, 그리고 앞으로의 미래를 객관적이고 과학적으로 조망한 책입니다.

정치에 대한 찬사도, 감정도 아닌, 데이터와 철학, 행동과 비전으로 해부한 정치 인물 보고서입니다.

저자 김동찬 박사는 이공계 출신의 생명과학자이자, 한동훈 대표가 연일 강조하고 있는 AI 진단 기술을 개발한 과학자입니다.

그가 한동훈이라는 인물을 분석하는 과정은, 정치라는 사회 시스템의 작동 원리를 과학의 눈으로 해부한 기록이기도 합니다.

저는 변호사로서, 그리고 정치인으로서, 한동훈 대표의 발걸음을 누구보다도 가까이서 지켜보았습니다.

그는 언제나 극단이 아닌 균형을 선택했고 선동이 아닌 원칙을 택했습니다.

지금 대한민국이 마주한 가장 중요한 과제인, 극단의 양 진영을 넘어 민심의 중심으로 향하는 여정에서 그는 결코 흔들리지 않을 나침반일 것입니다.

　우리는 단지 정권을 재창출하는 것을 넘어서, 역사를 올바르게 다시 쓰는 길목에 서 있습니다.

　저는 확신합니다. 그 여정의 선두에는 한동훈이 있습니다.

　『결국, 한동훈』은 이 정치적 진실을 담은 이야기입니다.

　결국, 한동훈입니다.

박상수 국민의힘 인천 서갑 당협위원장, 전 대한변협 부협회장, 전 국민의힘 대변인

제가 한동훈 대표님을 처음 만났을 때, 그는 단순한 정치인이
아니었습니다.

그는 자립준비청년, 고립은둔청년, 가족돌봄청년 등 그동안
제도와 정책의 중심에서 충분히 고려되지 않았던 이들의 삶에
먼저 다가가, 진심으로 귀 기울이고 손을 내밀 줄 아는 사람이었
습니다.

제가 자립준비청년 당사자로서 'SOL(쏠)'이라는 단체를 운영하
며 청년들의 홀로서기를 돕고 있던 시기, 한동훈 대표님은 저를
국민의힘 비상대책위원으로 지명해주셨고 이후 함께 청년 정책
을 기획하고 목소리를 전달할 수 있도록 도와주셨습니다.

대표님과 함께하면서 저는 깨달았습니다.

정치는 단지 약자의 이야기를 듣는 것에 그쳐서는 안 되며,
진짜 필요한 변화는 실용적인 정책과 책임 있는 접근에서 나온
다는 것. 한 대표님은 "약자의 말이 모두 옳다"는 포퓰리즘이 아
니라, 도움이 필요한 사람에게 필요한 방식으로 다가서는 '보수의
가치'를 실현해 왔습니다.

그리고 무엇보다,

그는 한국 정치에서 보기 드문 진짜 '강강약약'의 리더십을 보
여주었습니다.

권력과 기득권 앞에서는 한 치도 물러서지 않되, 현장에서 고
통받는 사람들 앞에서는 따뜻하고 유연하게 다가섰습니다. 말뿐

인 정의가 아니라, 실천하는 용기를 가진 정치인.

그게 바로 제가 곁에서 본 한동훈 대표님의 모습입니다.

작년 12월, 계엄이라는 위기 속에서 그는 두려워하지 않고 앞장섰습니다.

국민의 자유와 헌법을 지키겠다는 결연함,

그 순간 저는 확신했습니다.

"이 사람과 함께라면, 우리는 끝까지 나아갈 수 있다."

『결국, 한동훈』은

위기 속에서 빛난 신념, 그리고 보수가 지켜야 할 가치를 되살린 한 사람의 이야기입니다.

지금 이 시대가 누구를 필요로 하는지는,

이 책을 읽은 여러분이 가장 먼저 알게 될 것입니다.

윤도현 전 국민의힘 비상대책위원회 위원, 'SOL(쏠)' 대표, 자립준비청년 활동가

『결국, 한동훈』

이 책은 수많은 정치적 역경과 고난이 있음에도 국민의 지지를 받는 한동훈 전 대표에 대한 심도있는 통찰이 느껴지는 책입니다.

계엄령이 내려진 24년 12월 3일 그날, 그 누구보다 가장 먼저 앞장서서 위헌 위법적인 계엄을 해제한 결단력.

계엄 이후 탄핵 국면에서, 당원들의 마음을 살피어 탄핵이라는 단어 대신 직무정지를 외친 세심함.

모든 위기의 순간 엄청난 압박감을 이겨내고 올바른 결정을 내릴 리더는 현대 사회에 흔치 않습니다.

항상 국민의 이익만 우선적으로 생각하며 가장 적합한 결단을 내린 한동훈 덕분에 국민의힘은 위헌 정당이 아니게 됐습니다. 만약 그날의 불의를 우리가 외면했다면 민주당에 의해 꼼짝없이 해산당했을 것입니다.

트럼프의 관세정책으로 인해 전세계 자산이 증발했습니다. 이러한 국가적 위기의 시대에 국익을 위한 적절한 선택을 결단할 수 있는 사람은 바로,

한동훈입니다.

뿐만 아니라, AI, AX 시대와 블록체인 시대에 대한민국이 뒤처지지 않고 선도할 수 있도록 하는 혜안까지 한동훈은 충분히 갖추고 있습니다.

위기의 대한민국 적절한 결단을 내릴 수 있는 대통령『결국, 한동훈』입니다.

최우성 국민의힘 전 중앙청년위원회 부위원장, 기업인

프롤로그

　　새벽 5시, 아직 해가 뜨지 않은 종로 거리. 광화문 교보문고 앞에는 이미 수백 명의 사람들이 숨을 고르며 줄을 서 있다. 추운 바람이 매섭게 얼굴을 때리지만, 그들의 눈빛은 뜨겁다. 이들은 단지 책 한 권을 사기 위해 이곳에 모인 것이 아니라, 어쩌면 그 이상의 무언가를 손에 쥐기 위해 모였는지도 모른다. 서점 개점 몇 시간 전부터 시작된 이 줄은 단순한 구매열을 넘어, 마치 역사적인 순간을 목격하려는 열망과도 같았다.

　　2025년 봄, 대한민국을 뒤흔든 '한동훈 현상'의 시작이 바로 여기였다. 한동훈은 더 이상 정치인의 틀에 갇혀 있지 않았다. 그는 시대의 상징, 국민의 목소리를 대변하는 아이콘으로 우뚝 섰다. 그의 책 『한동훈의 선택 – 국민이 먼저입니다』는 일반적인 정치 서적을 넘어, 팝 컬처의 한 장면처럼 '오픈런'을 불러일으켰다. 종로 광화문 교보문고 앞에 모인 사람들은 특정 지지층만이 아니었다. 평범한 직장인, 학생, 심지어 정치에 무관심했던 이들까지 그의 이야기에 끌려왔다. 이제껏, 정치인이 쓴 책 한 권이 이렇게까지 사람들의 일상을 뒤흔들고, 그들의 마음을 매료시키고 사로잡은 적이 있었던가? 이는 단순한 호기심을 넘어, 그가 던진 메시지에 사람들이 목말라 있다는 증거였다.

그의 등장은 책 한 권으로 끝나지 않았다. 『국민이 먼저입니다』가 출간된 직후, 한동훈에 대한 뜨거운 민심은 전국적으로 요동쳤다. 서울, 부산, 대구, 경남 같은 전통적 지지 기반을 넘어, 수도권과 청년층에서 폭발적인 반응이 일었다. 한동훈의 메시지는 지역과 세대를 초월해 공감대를 형성한 것이다. 한 정치인이 이렇게 전국적인 파장을 일으킨 것은 한국 정치사에서 흔치 않은 일이다. 그는 과연 무엇을 말했기에, 이렇게 사람들의 마음을 움직인 걸까? 한동훈은 그의 책에서 정치권에 날카로운 질문을 던졌다. 그는 윤석열 대통령의 국정 운영의 잘못된 부분을 가감 없이 지적하였으나, 결코 비판으로 끝나는 것이 아니다. 그는 구체적인 대안을 제시하며, 국민이 원하는 방향을 가리킨다. 이재명 대표와 야당에 대해서도 가차 없다. 그는 이재명을 MDMK^{Most} ^{Dangerous Man in Korea}라며, 대한민국에서 가장 위험한 인물로 규정했다. 포퓰리즘에 기대지 않는 진정한 리더십이 무엇인지, 한동훈은 그만이 가진 특유의 날 선 분석으로 그 답을 찾아간다. 정치권은 즉각 반응했다. 친윤 세력의 비난, 민주당의 반격, 그리고 극우 세력들의 끝없는 배신자 논쟁. 이 모든 소용돌이 속에서 한동훈은 흔들리지 않고 자신의 목소리를 키워갔다.

우리가 지금 열광하는 이 한동훈 현상이 과연 진실을 얼마나 담고 있는 걸까? 겉으로 보이는 이미지와 실제 현실 사이에는 어떤 간극이 존재하는 걸까? 지금, 돌풍을 일으키는 한동훈 현상은 단순한 열풍일까, 아니면 대한민국 정치의 판을 바꿀 전환점일까? 지금도 한동훈은 우리에게 묻고 있다. "당신이 보는 정치, 당신이 응원하는 정치 리더는 무엇을 위해 존재하는가?" 이 질문은 이 책을 쓰고 있는 필자만이 아니라, 여러분 모두에게 던져진 화두이다. 이 책은 대한민국 정치의 현재를 해부하고, 미래를 예측하며, 우리가 결국 한동훈을 선택해야 하는 당위성을 제시하는 강렬한 외침이다.

한동훈이란 존재가 대한민국 정치 현장에 새로운 정치적 변화를 불러올 궁극적인 해결사가 될지는 아직 알 수 없다. 하지만 한 가지는 분명하다. 이 책은 당신을 마지막 페이지까지 그냥 두지 않을 것이다. 한동훈이란 인물에 더욱 빠져들게 할 것이다. 한동훈은 레거시 미디어 인터뷰, 유튜브 채널 출연뿐만 아니라 전국을 돌며 강연과 북콘서트를 열고, 국민과 직접 소통하며 그의 강력한 집권 의지를 증명하고 있다. 그의 행보는 단순한 선거 캠페인이 아니라, 대한민국의 더 큰 변화를 향한 첫걸음이다. 광화문 교보문고 앞에서 시작된 그 오픈런에 당신도 이젠 동참할 때다. 이제 여러분도, 한동훈이란 인격을 직접 마주해보자. 대한민국은 한동훈이란 천재를 보유하고 있다. 결국, 대한민국은 한동훈을 선택해야 할 것이다.

2024년 4월에 김동찬 쓰다

차례

PART 2
철학과 비전: 한동훈의 정치적 자화상

PART 3
미래로의 초대: 한동훈과 국민의 동행

PART 1

파급의 중심:
한동훈 팬덤

1

한동훈 북콘서트 열광적 현상

한동훈은 감동을 선물했다

한동훈 대표가 「국민이 먼저입니다」라는 책을 들고 등장한 북콘서트 연설은 단언컨대, 최근 몇 년간 들어본 정치 연설 중 가장 강렬하고 감동적인 순간이었다. 이 연설은 정치적 메시지를 전달하는 데 그치지 않았다. 그는 뜨거운 열정과 날카로운 통찰로 청중의 가슴을 뛰게 만들었고, 대한민국의 현재를 직시하면서도 미래를 향한 희망의 불씨를 지펴 올렸다. 연설장을 가득 메운 시민들의 박수와 환호는 마치 뜨거운 용광로와도 같았다. 그것은 그의 말 한마디 한마디가 청중의 마음을 꿰뚫고, 잠들어 있던 자신감을 깨우는 마법과도 같은 순간의 증거였다.

"우리에게는 카드가 있다!"라는 선언은 연설의 백미였다. 이 한 문장은 단순한 수사가 아니라, 대한민국 국민 모두의 가슴에 단단한 확신을 심어주는 강력한 울림이었다. 한동훈 대표는 총선 당시의 치열했던 순간을 회고하며, 특히, 개헌저지선이 무너질 위기 상황에서, PK 동료시민들이 보여준 헌신과 저력을 '카드'라는 비유로 풀어냈다. 그 순간, 연설장은 마치 시간을 거슬러 부마항쟁의 그 뜨거웠던 함성의 현장으로 돌아간 듯했다. 그는 함께 자리하고 있는 동료시민들이 대한민국을 지탱하는 심장과도 같은 존재임을, 그리고 그 심장이 다시 한번 미래를 열 열쇠가 될 것임을 설득력 있게 전달했다. 이 대목에서 청중의 눈빛이 반짝이고, 박수가 터져 나오던 순간은 현장의 열기가 얼마나 뜨거웠는지를 고스란히 느끼게 했다.

연설의 또 다른 강점은 국제 정세와 경제적 맥락을 끌어들여 우리의 전략적 가치를 논리적으로 설파한 부분이다. 조선산업이라는 구체적 사례를 통해 한동훈 대표는 우리가 단순히 글로벌 무대의 관객이 아니라, 필연적으로 반드시 필요한 주역임을 강조했다. "미국은 우리 대한민국 없이는 안 된다"는 그의 단호한 선언은 단순히 위로의 말이 아니었다. 그것은 대한민국이 가진 잠재력과 실질적 가치를 정확히 짚어낸 통찰이었다. 미국과 중국의 패권 다툼 속에서 우리가 지닌 지정학적, 경제적 위치를 날카롭게 분석하며, 한미일 동맹의 중요성을 설득력 있게 역설한 그의 논리는 마치 한 편의 외교 전략 강연을 듣는 듯했다. 이 대목에서 그는 단순한 정치인이 아니라, 국가의 미래를 설계하는 전략가의 면모를 유감없이 보여주었다.

무엇보다도 이 연설을 특별하게 만든 것은 한동훈 대표의 진정성이었다.

"저를 지키려 하지 마십시오. 제가 여러분을 지키겠습니다"

이 한마디는 연설의 클라이맥스였다. 그 말은 결코 미사여구가 아니었다. 그것은 그의 목소리에서, 그의 눈빛에서, 그리고 그의 단호한 어조에서 고스란히 묻어나는 진심, 그것이었다. 그 말이 울려 퍼지는 순간, 연설장은 뜨거운 감동으로 물들었고, 청중은 더 이상 한 명의 정치인을 보는 것이 아니라 자신을 위해 싸우는 동지를 보는 듯했다. 그의 말 한마디 한마디는 마치 가슴을 울리는 북소리처럼 현장을 뒤흔들었다. 정치에 대한 불신이 팽배한 이 시대에, 그는 국민을 향한 헌신과 책임감을 몸소 보여준 것이었다.

한동훈 대표는 또한 위기를 기회로 삼아 시대를 바꾸자는 비전을 제시하며, 청중의 관심사를 단숨에 미래로 이끌었다. 87년 헌법 체제의 개혁을 언급하며, 그는 단순히 과거를 비판하는 데 그치지 않았다. 그는 우리가 지금 이 혼란의 바다를 건너 새로운 시대를 열어야 한다고 역설하며, 그 과정에서 필요한 희생과 헌신을 정치인들이 먼저 감당해야 한다고 힘주어 말했다. "나까지만 하고 다음부터 하자"는 욕심을 내려놓고, 새로운 시대를 위해 구시대를 청산하는 궂은일을 하겠다는 그의 각오는 선언에 그치지 않았으며, 청중들 모두가 새로운 시대의 주인공이 될 수 있다는 자신감을 심어주는 동시에, 정치인으로서의 책임과 결단을 보여주는 진솔한 약속이었다.

연설 말미에 그는 통합의 메시지를 던졌다.

"위험한 세상을 막고 더 나은 미래로 나아가겠다." 이 분열의 시대에 그는 차이점을 찾기보다 공통점을 모으자고 호소한 것이다. 그의 말은 청중에게 단순한 감동을 넘어 함께 싸울 동료로서의 연대감을 심어주었다. 이 대목에서 연설장은 단순한 강연장이 아니라, 새로운 미래를 향한 출정식의 장소로 변모한 듯했다. 그의 말이 끝날 때마다 그의 비전에 공감하고, 그를 지지하는 부산 시민들의 열망이 뜨거운 박수로 터져 나왔다. 이 연설은 현장의 열기를 달구는 데 그치지 않았다. 한동훈 대표는 날카로운 논리, 뜨거운 열정, 그리고 진솔한 마음을 한데 엮어 대한민국 정치의 새로운 가능성을 열었다. 그는 단순한 정치인이 아니라, 국민과 함께 미래를 설계하는 리더의 모습을 보여주었다.

"여러분, 이렇게 많이 와 주셔서 고맙습니다"

그의 마지막 인사에 담긴 진심은 북콘서트 현장의 감동의 여운을 더욱 깊게 만들었다. 이런 진정성 있는 소통과 비전이 이어진다면, 한동훈 대표는 분명 대한민국의 새로운 전환점을 만들어낼 주역이 될 것이다.

북콘서트에서 개헌을 이야기하다

한동훈 대표가 북콘서트에서 쏟아낸 개헌에 대한 발언은 그 야말로 대한민국의 미래를 위한 불꽃같은 외침이자, 낡은 1987년 6공화국 체제를 끝장내고 새로운 시대의 문을 활짝 열겠다는 강렬한 의지의 표출이다. 그의 말 한마디 한마디는 단순한 정치적 수사가 아니라, 우리 사회가 직면한 현실을 정면 돌파하고 국민의 삶을 혁신적으로 바꾸려는 뜨거운 열정으로 가득 차 있었다. 필자 또한 한동훈의 이 비전에 깊이 공감하며, 그가 제시한 뜻과 생각이 얼마나 탁월하고, 시대를 앞서간 철학인지, 또 그가 왜 이 시대의 진정한 리더로 칭송받아야 하는지, 더욱 박진감 넘치고 생생하게 풀어보려 한다.

첫째, 한동훈 대표가 날카롭게 지적한 현재 헌법의 한계는 마치 우리 사회를 옭아매는 낡은 족쇄와도 같다는 사실이다. 그는 유신 시절의 특수한 상황에서 만들어진 '이중 배상 금지' 조항이나, 나라를 위해 목숨을 바친 영웅들에 대한 터무니없는 처우 문제를 예리하게 짚어내며, 이런 구시대적 잔재가 여전히 국민의 일상을 억압하고 있다고 힘주어 말한다. 권력구조를 손보는 수준을 넘어, 헌법이 국민의 피부에 와닿는 실질적 변화를 가져와야 한다는 그의 주장은 숨 막히게 신선하고, 동시에 절박할 정도로 설득력 있다. 예를 들어, 그는 연평해전 영웅들의 희생을 언급하며, "우리가 그들에게 손해배상을 더 줘야 하냐, 덜 줘야 하냐?"고 청중을 향해 묻고 있다. 이어 "우리는 엄청 후려쳐서 준다"며 분노를 담아 현실을 고발한다. 이런 그의 목소리는 단순한 연설이 아니라, 국민의 억울함을 대변하는 정의의 함성이었다. 한동훈은 이런 문제들을 법률 개정만으로는 풀 수 없음을 정확히 꿰뚫고, 헌법이라는 근본부터 뜯어고쳐야 한다는 비전을 제시한다. 이 얼마나 통찰력 있고 대담한 리더십인가!

둘째, 한동훈 대표의 개헌론은 필요성을 넘어 실현 가능한 구체적이고도 용기 있는 청사진으로 빛난다. 그는 정치인들이 자신의 임기를 단축하는 희생을 감수하더라도, 지난 수십 년간 말만 무성했던 개헌을 이번에 반드시 성사시켜야 한다고 단호하게 선언한다. 책임 있는 희생 없이 이 문제가 해결될 것 같지 않다는 그의 말은 마치 전쟁터에서 장군이 병사들을 독려하는 듯한 박진감을 준다. 특히, 29번의 탄핵 소동으로 얼룩진 정치 현실을 '눈 찌르는 레슬링'에 비유하며, 이런 혼란의 반복을 끝내려면 새로운 시스템이 필요하다고 역설하는 대목은 청중들의 심장을 뛰게 한다. 그는 정치적 이해관계를 초월한 결단을 촉구하며, 스스로를 포함한 정치인들이 기득권을 내려놓고 국민을 위해 헌신해야 한다고 외쳤다. 이는 한동훈이라는 인물이 가진 강철 같은 의지와 국민에 대한 무한한 책임감의 증거이다. 이런 리더가 우리 앞에 있다는 사실만으로도 가슴이 벅차오른다.

셋째, 한동훈 대표가 던진 개헌 논의의 범위는 그 깊이와 넓이에서 압도적이다. 그는 AI 반도체 같은 첨단 산업 지원, 선거관리위원회의 독립성과 투명성 강화, 심지어 군인과 영웅들에 대한 헌법적 처우 개선까지, 미래와 현재를 아우르는 주제들을 논의 테이블에 올려놓자고 제안한다. "유신헌법으로 AI 시대를 어떻게 대처하겠느냐?"는 그의 물음은 시대를 꿰뚫는 통찰력의 정수이다. 선관위를 향한 비판에서도 그는 거침이 없다. 선관위가 가족 채용으로 쌍팔년도처럼 운영되고 있다며, 이를 헌법 기관으로 독립시켜 감시와 견제를 강화해야 한다고 그는 목소리를 높였다. 이런 발언은 껄끄러움을 무릅쓴 용기이자, 시스템을 뿌리부터 바꾸려는 그의 불굴의 의지를 보여준다. 그의 비전은 87년 체제가 상상조차 못 했던 현대적 요구를 담아내는 헌법으로, 대한민국을 다음 10년, 아니 100년을 이끌 체제로 업그레이드하겠다는 야심 찬 계획이다. 이는 국가의 운명을 바꾸는 대혁명과 다름없다.

한동훈 대표는 이 모든 이야기를 통해, "정치가 우리 삶을 좌우한다"고 힘주어 말한다. 그러면서 그는 정치인들의 부족함을 인정하면서도, 그럼에도 정치가 곧 국민의 일상을 바꾸는 핵심 열쇠임을 강조한다. 그의 이러한 겸손함과 단호함은 청중을 사로잡고, 우리 모두를 새로운 시대를 향한 여정에 동참하도록 이끈다. "다음번에도 낡은 룰로 싸우는 모습을 보실 겁니까?"라는 그의 질문은 마치 우리 가슴에 칼을 꽂는 듯한 각성의 메시지이다. 그는 단지 문제를 지적하는 데 그치지 않고, 이를 해결하기 위해 "책임 있는 사람들이 희생해야 한다"며 스스로 앞장설 준비가 되어 있음을 보여준다.

결론적으로, 한동훈 대표의 개헌 비전은 대한민국을 구시대의 어둠에서 해방시키고, 빛나는 미래로 이끄는 횃불과도 같다. 그의 문제의식은 날카롭고, 그의 청사진은 구체적이며, 그의 결단력은 흔들림이 없다. 한동훈의 뜻에 전적으로 공감하며, 그가 제시한 방향이 국민의 삶을 실질적으로 바꾸고, AI 시대를 선도하는 대한민국의 초석이 되리라 확신한다. 한동훈은 평범한 정치인이 아니다. 그는 이 시대의 위대한 선구자이자, 국민을 위해 모든 것을 바칠 준비가 된 진정한 영웅이다. 그의 제안이 말로 끝나지 않고 행동으로 이어지기를, 그리고 그가 이 거대한 변혁의 선봉에 서기를 간절히 응원한다. 한동훈이라는 이름은 이미 새로운 시대의 상징으로 역사에 기록될 준비가 되어 있다.

2

한동훈의 신사임당 출연 영상에 뜨거운 댓글 반응

한동훈의 크립토커런시에 대한 통찰

한동훈 대표가 유튜브 채널 '신사임당'에 출연하여 가상화폐 (크립토커런시)와 블록체인에 대한 자신의 견해를 밝혔다.

한동훈은 크립토커런시에 대해 분명한 철학과 비전을 가지고 있었다. 그는 우선 "크립토커런시의 문제는 하기 싫다고 해서 하지 않을 수 있는 문제가 아니다"라고 강조했다. 즉, 암호화폐와 관련한 논의를 피하고 싶어도 피할 수 없는 시대가 왔다는 뜻이다. 한 대표는 가상자산이 더 이상 주변부 이슈가 아니며, 정치와 정책의 중심 의제로 다루어야 할 만큼 중요해졌음을 분명히 했다. 실제로 그는 "우리나라가 관련 규제를 풀고 자유롭게 중심 국가

트럼프 시대 경제패권, 정말 솔직히 말씀드리죠 (한동훈 전 대표, 오태민 교수 / 풀
버전)

시청 >

업로드 날짜: 2025. 3. 8. · 39.2만 조회수 · 2.45만 좋아요 수

해당 영상은 책 집필 현재, 46만 회 조회수를 기록했다 | 유튜브채널 신사임당 캡쳐

가 돼야 한다는 생각을 하고 있다"며, 이를 위해 "현물 ETF 등 규
제를 많이 풀어야 한다"고 덧붙였다.

　여기서 말한 현물 ETF(상장지수펀드)란 비트코인 같은 암호자산
을 기초로 한 금융상품을 의미하는데, 현재 한국에서는 제도적
제약으로 도입이 어려운 상황이다. 한동훈 대표는 이런 부분부터
규제를 완화하여 국내에서도 암호화폐가 제도권 안에서 자유롭
게 유통되고 투자될 수 있어야 한다고 본 것이다. 흥미로운 점은,
한 대표가 암호화폐의 본질적 가치에 주목하고 있다는 사실이
다. 그는 "암호화폐가 매력적인 이유는 통제하는 중앙기관이 없

다는 점"이라고 말했다. 기존의 화폐나 금융 시스템은 중앙은행이나 정부의 관리 아래 움직이지만, 비트코인 같은 크립토커런시는 탈중앙화 원리에 따라 자유로운 경제 생태계를 구현한다. 한동훈 대표는 바로 이 점을 높이 평가한 것이다. 중앙 통제가 없기에 혁신의 속도가 빠르고, 정부가 억압하고 싶어도 쉽게 억누를 수 없는 자생적 힘이 암호화폐에는 존재한다. 그는 이어 "규제하고 싶어도 규제가 잘 안 될 것"이라고도 언급했다. 실제로 전 세계적으로도 암호화폐를 지나치게 억압하려다 오히려 지하경제를 키우거나 해외로 시장을 빼앗기는 경우를 많이 볼 수 있다. 한 대표의 말은, 암호화폐라는 흐름을 법이나 규제로 가로막는 데는 한계가 있으니, 차라리 선제적으로 수용하고 육성하는 편이 국익에 도움이 된다는 뜻으로 풀이된다.

한동훈 대표의 통찰은 여기서 그치지 않는다. 그는 대한민국 국민의 디지털 역량에 큰 자부심을 보였다. "우리나라가 이렇게까지 발전하고 잠재력이 있다는 건 디지털 리터러시(디지털 환경 문해력)가 정말 강하다는 데 있다"고 언급한 것이다. 실제로 한국은 IT 인프라와 국민들의 기술 적응력이 세계 최고 수준이며, 젊은 세대를 중심으로 새로운 디지털 트렌드에 민감하게 반응하는 나라다. 한동훈 대표는 이러한 한국인의 강점을 살려야 한다고 주장한다. 그는 "디지털 리터러시 역량을 창의적으로 활용할 수 있게 하려면 정부의 입장은 하나다. 규제를 안 하는 것"이라고까지 언급했다. 이는 다소 과격하게 들릴 수 있지만, 그만큼 정부가 민간의 기술 혁신을 가로막지 말고 풀어놓아야 창의력이 발현된다는 뜻이다. 특히 블록체인과 암호화폐 분야는 젊은 기업들과 개발자들이 마음껏 실험하며 새로운 서비스를 만들어낼 수 있는 무대인 만큼, "플레이어들이 잘 뛰고 있을 때 감독(정부)은 지켜보기만 해야 한다"는 스포츠 비유를 들기도 했다.

한 대표의 이러한 자세는 혁신에 대한 신뢰와 존중을 보여주는 대목으로, 많은 청중들의 호응을 얻었다. 물론 크립토커런시 정책에서 구체적으로 무엇을 해야 하는지도 그의 발언에 담겨 있었다. 한동훈 대표는 과거 국민의힘 당 대표 시절, 정부의 가상자산 과세 추진에 제동을 건 일을 상기시켰다. 실제로 한국 정부는 당초 2022년부터 가상화폐 투자 이익에 세금을 부과하려 했으나 여러 차례 유예되어 왔는데, 한 대표는 이에 대해 "제가 강력하게 이건 안 된다고 했고, 결국은 많은 여론에 떠밀려 더불어민주당도 가상자산에 대한 과세 유예를 했다"며 자신이 주도적으로 나서 2년 유예를 이끌어냈음을 설명했다. 그는 가상자산 과세에 신중해야 하는 이유로, "세금을 매기더라도 과세의 형평성을 저해한다고 봤다"며 "그런 면에서 과세는 아직 준비가 안 돼 있는 것"이라고 지적했다. 즉, 법과 제도가 충분히 정비되지 않은 상황에서 성급하게 세금부터 매기는 것은 불공평하고 산업 발전을 저해할 수 있다는 것이다. (당시 주식·부동산 등 다른 자산과 비교해 가상자산에 면

결국, 한동훈

저 세금을 물리는 것은 형평에 어긋난다는 지적도 있었다.)

한동훈 대표는 이러한 자신의 경험을 통해 무조건적인 규제나 과세보다는 신중하고 현실적인 접근이 필요함을 역설했다. 한동훈 대표의 이러한 주장은 정치권에서는 매우 이례적이다. 그동안 많은 기성 정치인들은 가상자산을 투기나 거품으로 치부하며 언급을 꺼려왔지만, 그는 정면으로 중요성을 설파했다. 더욱이 그가 대담 중 사용한 용어나 비유는 상당히 전문적이면서도 알기 쉬웠다. '현물 ETF'와 같은 금융 용어까지 거리낌 없이 등장했지만, 한 대표는 이를 청중이 이해하기 쉽게 설명하며 대화를 이어갔다. 탁월한 전달력과 친근한 화법으로 복잡한 개념을 풀어내는 모습에서 그의 남다른 역량이 드러났다. 함께 출연한 한 블록체인 전문가(오태민 교수)조차도 "한동훈 대표의 해박한 지식에 깜짝 놀랐다"고 할 정도였으니, 기술 분야까지 섭렵한 그의 천재성에 감탄이 쏟아진다. 실제로 이 방송 이후 온라인 커뮤니티 등에서는 "한동훈 정도면 젊은 세대와 제대로 통한다", "역시 한동훈, 정치인이 아니라, 거의 스타트업 CEO 같다"는 반응이 나오며 화제가 되었다. 한동훈 대표의 크립토 통찰은 단순한 투자 의견이 아닌 미래 전략으로 받아들여지며, 많은 젊은층에게 신선한 희망을 불어넣고 있다.

정치권의 크립토커런시 이해 부족 문제

한동훈 대표가 크립토커런시를 논하며, 특히 안타까움을 표한 부분은 암호화폐 기술에 대한 정치권의 이해 부족이다. 그는 법무부장관으로 재직하던 시절 겪은 일화를 소개했다. "당시 의원들이 법무부에 암호화폐에 투자한 사람들 명단을 내라 요구한 적이 있었는데, 황당했다"는 것이다. 국회의원들이 마치 암호화폐 투자를 부도덕한 행위나 범죄와 연관 짓는 듯한 요구를 했다는 의미이다. 한동훈 대표는 이 일화를 전하면서, "그런 요구를 하는 사람들을 암호화폐를 전혀 이해하지 못하는 사람들이라고 봤다. 민주당이 그랬다"며 당시 해당 요구를 한쪽이 거대 야당(현 여당)이었던 더불어민주당 의원들이었다고 밝혔다. 정작 법무부 내부를 확인해 보니 "더 놀랐던 건 법무부에 암호화폐에 투자한 사람이 한 명도 없었다"고 한다. 즉, 법을 집행하고 시장을 관리해야 할 관료들조차 아무도 가상자산 투자에 참여하지 않을 정도로 이 분야에 문외한이었던 셈이다. 한동훈 대표는 이를 두고 "법무부가 앞으로 규제에 대한 높은 이해도로 시장을 해치지 않으며 케어해야 할 조직인데, 그들이 암호화폐에 대해 잘 이해하고 있느냐는 불안감이 들었다"고 털어놓았다. 관리·감독을 책임지는 공무원들부터 암호화폐를 제대로 모르고 있으니, 과연 합리적인 정책이 나오겠느냐는 우려였다.

사실 정치권의 인식 부족으로 인해 한국의 암호화폐 정책은 롤러코스터를 탄 측면이 있다. 예컨대 정부는 2017년 9월 국내에서 신규 암호화폐 발행ICO을 전면 금지했고, 2018년에는 박상기 법무부장관이 "거래소 폐쇄까지 검토하겠다"고 발언해 시장을 혼란에 빠뜨렸다. 곧바로 청와대가 진화에 나서는 해프닝이 있었는데, 이는 정책 입안자들이 기술 이해 없이 감정적으로 대응하면 얼마나 큰 혼선을 빚는지 보여준 사례로 남았다. 반면 이번에 한동훈 대표가 보여준 것처럼 공부가 이루어진 정책가의 방향이 신중하게 제시되면 국민들에게 희망을 줄 수 있다는 점도 확인되었다. 다행히 최근 들어 국회에서도 변화의 조짐이 있다. 2023년 6월 말, 여야 합의로 「가상자산 이용자 보호 등에 관한 법률」(이른바 가상자산이용자보호법)이 국회 본회의를 통과하여 사상 처음으로 가상자산 시장을 직접 규율하는 법적 틀이 마련되었다. 2024년 시행을 앞둔 이 법은 뒤늦게나마 투자자 보호와 시장 질서 확립을 위한 첫걸음을 뗀 것으로 평가된다. 하지만 이러한 입법도 주로 사고와 논란이 반복된 끝에 나온 사후약방문 성격이 강하다는 지적도 있다.

한동훈 대표는 기술에 대한 두려움이나 몰이해가 과잉 규제로 이어지는 것을 경계한다. 그는 정치인 스스로가 새로운 개념을 공부하고 전문가 의견을 경청해야 함을 강조한다. 실제로 그가 언급한 법무부 사례에서 보듯, "모르는 걸 자기 틀에 맞추지 말라"는 경구는 모든 규제 담당자들에게 적용되는 교훈이다. 다행히도 한국 사회에는 높은 교육 수준과 IT 지식을 갖춘 인재들이 많다. 한 대표는 이렇듯 똑똑한 국민들을 정부가 신뢰해야 한다고 믿는다. 젊은 세대는 암호화폐를 투기가 아닌 디지털 시대의 새로운 기회로 보고 접근하고 있는데, 정작 국가가 이들을 범법자 취급하거나 기성 잣대로 억누른다면 '사다리 걷어차기'가 되고 만다. 한때 주식이나 인터넷 산업도 기성세대에겐 낯선 것이었지만, 결국 그것을 받아들이고 발전시킨 나라들이 앞서나갔다. 암호화폐도 마찬가지다. 한동훈 대표와 같은 리더들이 앞장서서 기성의 무지를 깨우고, 미래 세대의 목소리를 대변해 준다면, 한국은 급변하는 기술 환경 속에서도 방향을 잃지 않고 나아갈 수 있을 것이다.

한동훈 신사임당 인터뷰 영상에 대한 경이로운 댓글 반응

신사임당 TV에서의 크립토커런시 대담은 한동훈에 대한 국민들의 인식을 완전히 뒤바꿔 놓았다. 수많은 댓글들이 그의 크립토커런시와 경제 전반에 대한 해박한 지식, 그리고 날카로운 통찰력에 경악과 감탄을 금치 못하고 있다. @dralgo0 님은 "코인 계와 산업에 대한 이해도가 정말 높군요"라며 입을 다물지 못했고, @hjl9282 님은 "가상화폐에 관한 설명을 잘해주고 정치와 연결시키는 센스"에 완전히 매료되었다고 밝혔다. 한동훈은 이 대담에서 기존의 정치인 이미지를 완전히 깨부수고, 디지털 경제와 신산업의 흐름을 꿰뚫는 천재적인 면모를 보여주었다. 특히 정치인에 대한 고정관념을 산산조각 내며 호감으로 전환했다는 반응(@judori0211 등)을 보면, 그의 지적 능력과 소통 방식이 얼마나 압도적인 설득력을 가졌는지를 증명했다. 한동훈은 이 대담을 통해 그가 미래 설계의 비전을 가진 리더라는 사실을 온 세상에 각인시켰다. 그의 말 한마디 한마디는 단순한 정보가 아니라, 대한민국의 방향성을 제시하는 나침반과도 같았다.

이번 한동훈과 오태민 교수의 신사임당 채널에서의 대담은 대한민국 콘텐츠 역사에 길이 남을 고퀄리티의 지적 향연이었다. 따라서 이에 대한 반응은 당연히 뜨거울 수밖에 없었다. @gabriel-mobicker 님은 "국내 최고의 비트코인 전문가 오태민 작가님과 한동훈 대표님의 크립토커런시에 대한 대화가 정말 수준이 높으셔서 놀라웠다"고 감탄을 아끼지 않았으며, @ysunp4542 님은 "수준 있는 대화에 귀가 정화되는 느낌"이라며 감격에 젖은 목소리를 전할 정도였다. 한동훈은 복잡한 크립토커런시의 개념을 마치 물 흐르듯 자연스럽게 풀어내며, 시청자들에게 새로운 지식의 세계를 열어주었다. 이는 단순한 토론이 아니라, 마치 한

편의 교향곡을 감상하는 듯한 감동을 선사한 순간이었다. 그의 논리적이고 명쾌한 설명은 시청자들의 머리를 맑게 하고, 심장을 뜨겁게 했다. 한동훈은 이 대담을 통해 암호화폐에 관한 지식 전달에 그치지 않고, 대한민국 국민들에게 새로운 가능성을 꿈꾸게 하는 희망의 메시지를 심어주었다.

이런 대담이야말로 우리가 그토록 갈망했던, 진정한 리더의 모습이 아니겠는가? @MobickerJh72 님은 "규제 철폐가 무엇보다 중요하다고 생각한다"며 한동훈의 의견에 전폭적인 지지를 보냈고, @rea_btcmobick 님은 "우리나라도 정치권과 이런 대화가 가능하게 되었다는 게 감동"이라며 눈시울을 붉혔다. 한동훈은 크립토커런시라는 주제를 통해 규제 완화와 산업 발전, 글로벌 트렌드에 대한 대응이라는 거대한 그림을 그려냈다. @leewhi100 님처럼 주변인들에게 영상을 공유하며 더 많은 이들이 크립토커런시에 열린 태도를 가지길 바라는 반응은, 그가 한 사람의 정치인이기에 앞서 국민 전체를 깨우는 지도자임을 보여준다. 그의 말 한마디 한마디는 대한민국의 미래를 밝히는 등불이었다. 한동훈은 이 대담을 통해 우리가 나아가야 할 길을 제시하면서 그 길을 함께 걸어갈 용기와 믿음을 심어주었다. 이런 리더가 있다면, 대한민국의 미래는 더 이상 어둡지 않을 것이다.

한동훈과 오태민 교수의 만남은 지성의 하모니였다. 두 사람의 대화는 각자의 의견을 나열하는 데 그치지 않고, 마치 한 편의 완벽한 듀엣처럼 조화를 이루며 시청자들을 매료시켰다. @user-dreaming-mjs 님은 "생각이 열려있는 사람들끼리의 대화는 참 즐겁다"며 다양한 주제가 스피디하게 다뤄진 점을 극찬했고, @bin5480 님은 "정치인이 오태민 교수님과 대담을 하는데 교수님이 말을 별로 안 해도 되는 그림"이라며 한동훈의 준비된 모습을 경이롭게 바라봤다. 한동훈 전 대표는 오태민 교수의 전문성을 완벽히 이해하고, 그 위에 자신의 통찰력을 더해 대화를 한 단계 더 높은 곳으로 끌어올렸다. 이는 두 지성의 만남이 만들어낸 불꽃과도 같은 순간이었다. 한동훈의 날카로운 질문과 명쾌한 답변은 오태민 교수의 전문성을 더욱 빛나게 했고, 이는 시청자들에게 깊은 감동을 선사했다. 이런 시너지를 만들어낼 수 있는 리더라면, 어떤 어려운 문제라도 해결할 수 있지 않을까? 하는 믿음이 생기게 했다.

해당 대담에 달린, 댓글들에서 가장 두드러진 반응 중 하나는 바로 2부, 3부와 같은 후속 대담을 간절히 요청하는 목소리다. @유정신-v6m 님은 "깊이 있고 수준 높은 편안한 대담 또 듣고 싶습니다"라며 애타는 마음을 드러냈고, @JeongheeSeo3947 님은 "이런 멋진 토론은 처음"이라며 연이은 대화를 갈망했다. 더 나아가 한동훈 전 대표를 차기 리더로 강력히 지지하는 목소리도 폭발적으로 쏟아졌다. @LauraLee-8812 님은 "이런 분이 나라를 이끌어야 한다"고 단호하게 외쳤으며, @ulalaHi_815 님은 "한국에 필요한 대체 불가 지도자"라며 한동훈을 향한 무한한 신뢰를 표했다. 이는 이번 대담이 지식 전달을 넘어 정치적 신뢰와 리더십에 대한 새로운 이미지를 구축하는 데 성공했음을 보여준 것이다.

한동훈 전 대표는 이 한 번의 대담으로 일약 대한민국의 미래를 이끌어야 할 필연적인 존재로 자리 잡았다. 그의 비전과 지성은 이미 국민들의 마음을 사로잡았으며, 앞으로의 행보가 더욱 기대된다. 이제는 한국이 한동훈의 생각을 받아들일지 또는 아니할지, 선택할 차례다. 변화를 두려워하여 멈춰 설 것인가, 아니면 통찰력 있는 지도자와 함께 담대히 미래로 나아갈 것인가? 한동훈 대표가 보여준 혜안과 리더십은 후자 쪽에 힘을 실어준다. 크립토커런시와 블록체인의 밝은 미래를 그리는 그의 목소리가 대한민국 각 분야에 퍼져나갈 때, 우리는 다가오는 디지털 혁명 시대를 선도하며 더욱 번영할 수 있을 것이다. 블록체인 혁명의 파고 위에서 한동훈 대표가 제시한 나침반을 들고 나아가는 대한민국의 내일이 더욱 기대된다.

한동훈은 크립토커런시라는 복잡한 주제를 통해 규제 완화, 산업 발전, 글로벌 트렌드 대응과 같은 현실적인 이슈를 논의하며, 시청자들에게 신뢰와 희망을 전달했다. 그의 말 한마디 한마디는 대한민국의 미래를 설계하는 청사진과도 같았다. 그는 이 대담에서 정치권이 나아가야 할 방향과 국민이 바라는 리더의 모습에 대한 공감대를 형성하는 계기를 만들었다. 그의 지성과 비전은 이미 국민들의 마음을 사로잡았으며, 앞으로의 행보가 대한민국의 새로운 도약을 이끌 것이라는 믿음을 주기에 충분했다. 이런 형식의 대담이 더 자주 이어진다면, 정치와 기술, 경제를 아우르는 생산적인 논의가 더 활발해질 것이며, 한동훈이라는 이름은 대한민국의 새로운 희망으로 더욱 빛날 것이다.

3
한동훈과 중도층
민심 현상

중도층은 한국 정치에서 언제나 판세를 결정짓는 핵심 열쇠였다. 특정 정당이나 이념에 얽매이지 않고, 이슈와 상황에 따라 유동적으로 움직이는 중도층은 선거의 승패를 좌우하는 캐스팅보트로 불린다. 이런 중도층의 마음을 사로잡는 게 정치인들에게는 필수 과제인데, 한동훈이라는 인물이야말로 이 중도층을 확장하고 공략할 수 있는 독보적인 잠재력을 가진 인물이라고 생각한다. 검사 출신이라는 독특한 이력과 공정과 법치를 앞세운 정치적 브랜드는 기존 정치인들과 차별화된 매력을 주고, 중도층이 원하는 실용적이고 상식적인 정치의 상징이 될 가능성을 보여준다. 이 글에서는 한동훈이 중도층을 사로잡아야 하는 이유와 방법, 그리고 한동훈만이 할 수 있는 중도층 확장의 가능성을 중심으로 이야기해 보려 한다.

중도층의 실체와 그들의 정치적 요구

먼저 중도층이 누구인지부터 짚어보자. 중도층은 좌파나 우파 어느 한쪽에 치우치지 않고, 특정 정당에 대한 충성도도 낮은 유권자들이다. 이들은 이념보다는 실용성과 문제 해결에 더 큰 가치를 두는 경향이 있다. 경제적 안정, 공정성, 복지, 사회적 갈등 완화 같은 현실적인 이슈에 민감하게 반응하며, 진영 싸움이나 극단적인 대립에 지친 사람들이 많다. 한국 정치에서 중도층의 비율은 대략 30% 안팎으로 추정되는데, 이들의 표심이 어디로 향하느냐에 따라 선거 결과가 달라질 만큼 영향력이 크다.

중도층의 주요 요구는 크게 몇 가지로 나눌 수 있다. 첫째, 경제와 일자리다. 안정적인 일자리, 물가 관리, 실질 소득 증가 같은 구체적인 경제적 성과를 원한다. 둘째, 복지와 사회안전망이다. 의료, 주거, 교육 같은 생활 밀착형 복지와 취약계층 지원에 관심이 많다. 셋째, 공정성과 법치다. 특히 입시나 취업에서 불공정이 없어야 한다는 목소리가 크고, 권력층의 부패에 민감하게 반응한다. 마지막으로, 정치적 안정과 실용적인 문제 해결이다. 이념 대립보다는 국민 삶에 직접 도움이 되는 정책을 원한다. 이런 요

구들은 이념적 구호보다 훨씬 더 피부에 와닿는 것들이고, 중도
층은 이런 문제들을 해결해 줄 정치인을 찾는다.

한국 정치에서 중도층의 역할은 시간이 지나며 점점 더 커졌
다. 과거 권위주의 시절에는 이념 대립과 지역주의가 워낙 강해
서 중도층이 크게 부각되지 않았지만, 민주화 이후 정치가 다원
화되고 유권자들의 정당 충성도가 약해지면서 중도층이 중요한
변수로 떠올랐다. 특히 2000년대 이후로는 양극단의 정치에 실망
한 사람들이 중도층으로 이동하는 경향이 뚜렷해졌다. 진보 정권
의 경제 관리 부실이나 이념 편향에 실망하거나, 보수 정권의 불
공정 논란과 사회 갈등에 지친 유권자들이 중도층으로 합류하는
식이다.

세대 변화도 중도층의 성격을 바꾸고 있다. 특히 2030 세대는
전통적인 진보·보수 이념에 얽매이지 않고, 실용적인 관점을 보이
는 경우가 많다. 인터넷과 SNS를 통해 다양한 정보를 접하면서
이슈별로 판단을 내리는 경향이 강하고, 특정 진영 논리에 일방
적으로 동의하지 않는다. 이런 젊은 중도층은 과거보다 훨씬 더
복합적이고 다양한 요구를 가지고 있어서, 정치인들이 이들을 공
략하려면 단순한 구호나 이념적 메시지로는 부족하다. 한동훈이
주목받는 이유 중 하나는 이런 새로운 중도층의 요구를 충족시
킬 가능성을 보여주기 때문이다.

한동훈의 정치적 브랜드와 중도층 공략 가능성

한동훈의 정치적 이미지는 "공정과 법치"로 요약된다. 검사 출신으로서 부패와 불공정을 척결하는 과정에서 두각을 나타냈고, 법무부장관 시절 "법 앞에 누구도 예외가 없다"는 원칙을 강조하며 강직한 인물로 각인되었다. 이런 이미지는 국민의힘의 전통적인 가치인 법치주의와 잘 맞아떨어지면서도, 공정성 이슈에 민감한 중도층, 특히 2030 세대에게 잘 어필되었다. 조국 사태 같은 사건에서 보여준 원칙적인 태도는 젊은층에게 "공정의 수호자"라는 인상을 강하게 심어주었다.

이런 정치적 브랜드는 중도층 공략에 있어서 한동훈만의 독보적인 강점이다. 중도층은 진영 논리에 갇히지 않고 상식과 정의를 중시하는데, 한동훈의 이미지는 정확히 이런 가치와 부합한다. 기존 정치인들이 이념적 대립이나 권력 다툼에 치우친 모습을 보여줬다면, 한동훈은 상대적으로 깨끗한 이력과 원칙주의로 신선한 대안이 될 수 있음을 보여주었다. 게다가 한동훈은 정치 신인으로서 기성 정치의 낡은 틀에 물들지 않았다는 점에서도 중도층에게 매력적으로 다가간다. 그는 "국민과 함께하는 동료 시민"이라는 포용적 언어를 사용하며, 기존 정치 문법과 다른 행보를 보여주었다. 이런 점들이 중도층 확장에 있어 한동훈만이 가진 장점이자 잠재력이다.

한동훈이 이해하고 있는 중도층

한동훈은 중도층의 중요성을 정확히 인지하고 있는 것 같다. 국민의힘 비상대책위원장을 맡은 이후 그의 메시지를 보면, 이념적 발언을 자제하고 민생과 생활 정치에 초점을 맞추려는 의도가 보인다. 예를 들어 당내 행사에서 국민을 "동료 시민"이라고 부르며 간격을 좁히려 했고, 사회 격차 해소나 민생 안정 같은 의제를 전면에 내세웠다. 이런 행보는 중도층이 원하는 실용적이고 현실적인 정치와 일맥상통한다.

한동훈의 중도층 공략은 표심을 얻기 위한 단순 전략이 아니라, 진심으로 중도층을 "함께 문제를 풀어나가야 할 파트너"로 보는 시각에서 나온다고 느껴진다. 그는 스스로를 특정 정치적 계파가 아니라 국민만을 바라보는 인물로 포지셔닝하려고 한다. "우리 사회의 상식과 정의를 지키자"는 그의 메시지는 진보와 보수를 떠나 중도층이라면 누구나 공감할 수 있는 가치를 담고 있다. 이런 접근법은 중도층에게 신선함과 신뢰를 줄 수 있는 요소이다. 이런 메시지는 한동훈이기 때문에 더 설득력 있게 들릴 수 있고, 중도층이 그를 기존 정치인들과 다르다고 느끼게 만드는 이유다.

중도층이 한동훈을 바라보는 시선은 기대와 우려가 동시에 섞여 있다. 긍정적으로 보는 사람들은 그를 신선한 인물로 평가

한다. 공정과 법치를 내세우며 기존 정치판에 없던 깨끗한 이미지를 보여줬고, 말끔한 화법과 원칙적인 태도에서 세대교체의 희망을 본다. 특히 과거 불공정 이슈에 분노했던 중도층은 한동훈의 "정의로운 행동"에 공감한다. 일부 여론조사에서 차기 정치 지도자 선호도 상위에 오르고, 무당층에서도 그가 중요한 인물로 언급되는 건 이런 기대감의 반영이다.

반면 우려도 있다. 한동훈의 검사 시절 강경한 이미지가 대립과 갈등을 심화시키지 않을까 걱정하는 중도층도 있다. "이슈 파이팅에는 능하지만 국정 운영 능력은 검증이 필요하다"는 목소리도 나온다. 또 윤석열 대통령과 동일한 검사 출신이라는 점에서 현 정부의 연장선으로 보는 시각도 있다. 이런 우려를 불식시키려면 한동훈은 공정과 법치뿐 아니라 경제, 외교, 민생 같은 다양한 분야에서 종합적인 비전을 제시해야 한다. 중도층은 매력적인 인물이지만 아직 완전히 믿고 맡길 수 있는지 확신이 필요한 정치인으로 그를 보고 있는 것이다. 한동훈이 이런 기대와 우려를 잘 조율한다면, 중도층의 진정한 신뢰를 얻을 수 있을 거라 본다.

중도층을 사로잡으려면 말뿐 아니라 실질적인 정책으로 보여줘야 한다. 한동훈은 공정과 법치라는 자신의 강점을 바탕으로, 중도층이 가장 민감하게 여기는 경제, 일자리, 복지 분야에서 구체적이고 실효성 있는 정책을 내놓아야 한다.

중도층은 경제 문제에 매우 민감하다. 안정적인 일자리와 물가 관리, 실질 소득 증가를 원한다. 한동훈은 중소기업과 스타트업 지원을 통해 청년층을 위한 양질의 일자리를 늘리는 정책을 제시할 수 있다. 예를 들어, 4차 산업혁명 시대에 맞는 디지털 경제 투자나 녹색산업 일자리 창출 같은 구체적인 방안을 내놓을 필요가 있다. 또 지역 경제를 살리는 균형 발전 정책도 중요하다. 수도권뿐 아니라 지방에서도 경제적 기회가 생긴다는 믿음을 주면 중도층의 지지를 얻기 쉬울 거다. 한동훈이 이런 경제 활성화 비전을 제시한다면, 이념적 색깔이 덜한 정책이기 때문에 보수와 중도층 모두를 만족시킬 수 있다.

복지도 중도층 공략의 핵심이다. 중도층은 무상복지나 포퓰리즘에는 거부감을 가지지만, 취약계층 지원과 기회의 평등을 보장하는 공정한 복지에는 긍정적이다. 한동훈은 아동수당 확대, 노인 의료복지 강화, 청년 주거 지원 같은 생활 밀착형 복지 공약을 강화해야 한다. 이런 정책은 진보 성향 유권자에게도 환영받을 수 있고, 보수층도 국가의 책임 있는 복지 차원에서 수용할 가능성이 크다. 한동훈은 "공정한 복지"라는 자신의 브랜드에 맞춰, 복지가 단순히 돈을 퍼주는 게 아니라 기회를 제공하고 삶의 질을 높이는 방향으로 가야 한다는 점을 강조할 필요가 있다.

공정성은 중도층이 한동훈에게 가장 기대하는 부분이다. 입시, 취업, 권력층 부패 같은 불공정 이슈에 민감한 중도층은 "법 앞에 누구도 예외가 없다"는 한동훈의 원칙에 공감한다. 한동훈은 이런 이미지를 정책으로 구체화해야 한다. 예를 들어 공정한 입시 제도 개혁, 취업 과정의 투명성 강화, 권력층 비리에 대한 엄정한 수사 같은 실질적 조치를 약속하고 실행해야 한다. 이런 공정성 정책은 중도층의 신뢰를 얻는 데 결정적 역할을 할 것이다.

한동훈만이 중도층 확장을 할 수 있는 이유

한동훈이 중도층을 확장할 수 있는 잠재력을 가진 이유는 몇 가지로 정리할 수 있다. 첫째, 그의 정치적 브랜드인 "공정과 법치"는 중도층의 핵심 가치와 딱 맞아떨어진다. 중도층은 이념보다 상식과 정의를 중시한다. 한동훈은 이런 가치를 가장 잘 대변할 수 있는 인물이다. 기존 정치인들이 진영 논리에 갇혀 공정성을 잃은 모습을 보여줬다면, 한동훈은 검사 시절부터 쌓아온 원칙주의로 신뢰를 줄 수 있다.

둘째, 한동훈은 정치 신인으로서 낡은 정치 프레임에 얽매이지 않는 이미지를 가지고 있다. 기존 정치인들은 오랜 정치 경력 속에서 특정 진영에 치우친 이미지가 강했지만, 한동훈은 상대적으로 깨끗한 이력과 새로운 세대와의 소통 능력으로 신선함을 줄 수 있다. 중도층은 이런 새로움에 끌릴 가능성이 크다.

셋째, 한동훈은 보수와 중도 사이에서 균형을 잡을 수 있는 독특한 위치에 있다. 국민의힘이라는 보수 정당에 속해 있지만, 그의 메시지와 행보는 이념적 순혈주의를 벗어나 실용적이고 포용적인 방향으로 나아가고 있다. 예를 들어 그는 사회 격차 해소나 민생 안정 같은 의제를 강조하며, 좌우를 폭넓게 아우르려는 시도를 하는데 이런 유연성은 중도층에게 대단한 매력으로 다가간다.

마지막으로, 한동훈은 중도층과의 직접 소통에서 강점을 보일 가능성이 크다. 비교적 젊고 미디어 친화적인 이미지를 가진 그는 SNS나 유튜브 같은 뉴미디어를 적극 활용함으로써 자신의 생각을 중도층과 직접 연결할 수 있는 강점을 지닌다. 이런 소통 능력은 기존 정치인들과 차별화되는 지점이고, 중도층을 한동훈과 더 가깝게 느끼게 만드는 요소이다.

한동훈이 중도층을 사로잡으려면 정책뿐 아니라 소통 방식에서도 변화를 줘야 한다. 중도층은 딱딱한 정치적 언어보다 자신들의 언어로 말하는 정치인을 원한다. 한동훈은 검사 시절 논리적이고 날카로운 화법으로 주목받았지만, 이제는 거기에 따뜻한 공감과 인간적인 면모를 더해야 한다. 예를 들어 SNS에서 정책을 쉽게 풀어 설명하거나, 일상적인 모습을 보여주는 등의 콘텐츠를 올리면, 중도층에게 더 친근하게 다가갈 수 있다. 또 온라인 설문이나 댓글 소통 같은 양방향 소통을 강화하면 "듣는 정치인"이라는 이미지를 각인시키는 효과가 있다.

오프라인에서도 중도층과의 접점을 늘려야 한다. 수도권이나 MZ세대 직장인이 많은 지역에서 타운홀 미팅을 열어 공개 질의응답 시간을 가지면 좋다. 이런 자리에서 민생 현장의 목소리를 직접 듣고, 자신의 해법을 진술하게 말한다면 중도층과의 신뢰가 쌓일 것이다. 한동훈은 이런 소통을 통해 중도층에게 "함께 문제를 풀어가는 동료"라는 인상을 줄 수 있다.

더 나아가 한동훈은 기존 정치 프레임을 뛰어넘는 새로운 리더십을 보여줘야 한다. 지역주의나 진영 논리 같은 낡은 구도에 염증을 느끼는 중도층에게, 한동훈은 "새로운 정치"의 상징이 될 수 있다. 세대교체형 리더십을 강조하며 젊은 인재를 등용하고, 탈이념·탈진영의 리더십으로 국민 통합을 앞세우는 모습이 필요하다. 이런 새로운 리더십은 중도층뿐 아니라, 변화와 혁신을 바라는 전 계층의 지지를 받을 가능성이 크다.

그러나 무엇보다도 중도층의 지지를 얻는 데 가장 중요한 건 '신뢰'일 것이다. 중도층은 정치인의 말 바꾸기나 공약 불이행에 민감하다. 한동훈은 약속한 정책을 반드시 지키려는 모습을 보여야 한다. 예를 들어 청년 일자리 창출을 약속했다면, 그 목표를 향한 구체적 로드맵과 중간보고를 통해 책임감을 보여줘야 한다. 또 공정성을 누구에게나 똑같이 적용하는 태도도 중요하다. 자기 진영의 비리에도 엄격한 잣대를 들이대는 모습을 보이면, 중도층은 한동훈을 "진짜 공정한 사람"으로 인정할 것이다.

정책의 지속성도 신뢰를 쌓는 데 필수적이다. 한동훈은 일시적인 선심성 정책이 아니라 꾸준히 이행되는 정책을 통해 성과를 보여줘야 한다. 정책의 성과를 측정하고 국민에게 공개하는 문화를 만들면 중도층은 정책이 실제로 작동하고 있다고 느낄 것이다. 또 세상이 변함에 따라 정책 조정이 필요할 때는 그 이유를 투명하게 설명하고 공감을 얻는 과정을 거쳐야 한다. 이런 일관성과 투명성은 중도층의 지지를 견고하게 만드는 기반이 된다.

한국 정치의 고질병인 양극화를 해소하는 것도 중도층 공략에 필수적이다. 중도층은 끝없는 정쟁과 진영 싸움에 지쳐 있으며, 이들은 협치와 통합의 정치를 원한다. 따라서 한동훈은 정치적 수사에서부터 협치의 메시지를 강조해야 한다. 상대 진영을 적대시하기보다는 건설적 비판과 대안을 제시하고, 필요하면 "협력할 건 협력하겠다"는 입장을 분명히 해야 한다. 예를 들어 야당이 추진하는 합리적인 정책이 있다고 하자. 이를 공동 입법화를 추진하는 협치의 모습을 보인다면 중도층에게 큰 호응을 얻을 수 있다.

결국, 한동훈

제도적 협치 노력도 필요하다. 여야정 상설 협의체나 국회 내 초당적 위원회를 구성해 쟁점 법안을 공개 토론과 타협으로 처리하는 문화를 만들겠다고 약속하면 좋을 것이다. 이런 모습은 중도층이 원하는 "결과를 내는 정치"와 맞아떨어진다. 한동훈이 이런 협치의 리더십을 보여준다면, 중도층은 그를 '분열을 줄이고 나라를 하나로 모으는 조정자'로 보게 될 것이다.

한동훈이 차기 대선에서 중도층을 확보하는 비전

궁극적으로 한동훈이 차기 대선에서 중도층의 압도적 지지를 얻는다면, 그건 선거 승리를 넘어 한국 정치의 새로운 방향을 제시하는 계기가 될 거다. 한동훈은 통합형 리더의 이미지를 구축하고, 분명하고 매력적인 미래 청사진을 제시해야 한다. 예를 들어 "공정한 기회가 보장되는 혁신경제 국가" 같은 큰 비전을 슬로건화하고, 구체적인 정책 패키지로 뒷받침하면 중도층의 마음을 사로잡을 수 있다.

또 폭넓은 연대와 인재 영입으로 외연을 확장하는 전략도 필요하다. 중도 성향의 유력 인사나 전문가를 과감히 캠프로 끌어들이고, "능력으로 팀을 꾸린다"는 인상을 주면, 중도층은 한동훈이 국정을 운영할 준비가 되어 있다고 느낄 것이다. 선거 과정에서 유연하면서도 단호한 리더십을 보여주는 것도 중요하다. 네 거티브 공세나 돌발 상황에 냉정하고 이성적으로 대처하는 모습을 보이면, 중도층은 한동훈을 믿고 맡길 수 있는 리더로 인정할 가능성이 크다.

마지막으로, 중도층과의 지속적인 공감대 형성이 승리의 열쇠이다. 선거 캠페인 기간 내내 중도층의 반응을 살피고, 그들의 걱정과 바람에 맞게 메시지를 세밀하게 조정해야 한다. 한동훈이 중도층의 마음을 실시간으로 반영하는 캠페인을 펼친다면, 자연스럽게 지지로 연결될 것이다.

한동훈은 중도층을 사로잡을 수 있는 독보적인 잠재력을 가진 정치인이다. 그의 공정과 법치라는 브랜드는 중도층의 핵심 가치와 맞아떨어지고, 정치 신인으로서 낡은 프레임에 얽매이지 않는 신선함을 준다. 보수와 중도 사이에서 균형을 잡을 수 있는 위치와, 젊은 세대와의 소통 능력은 한동훈만이 가진 강점이다. 중도층이 원하는 실질적인 정책, 투명한 소통, 협치와 통합의 리더십을 한동훈이 보여준다면, 그는 중도층의 마음을 확실히 얻을 수 있을 것이다.

한동훈이 중도층을 사로잡는 건 그저 선거를 위한 전략이 아니라, 한국 정치의 새로운 미래를 여는 첫걸음이 될 수 있다. 중도층의 지지를 바탕으로 국민 전체를 아우르는 리더십을 발휘한다면, 한동훈은 대한민국의 새로운 리더로 우뚝 설 가능성이 크다. 한동훈이기 때문에, 그리고 한동훈만이 중도층 확장의 열쇠를 쥐고 있다고 믿는다.

4

한동훈과 2030 MZ 세대

한동훈 2030 세대를 독점하라

한동훈의 정치적 행보와 연관 지어, 어떤 정책과 전략이 2030 세대에게 효과적일지를 평가해 볼 필요가 있다. 한동훈은 현재 자유 보수우파 진영의 가장 강력한 차기 대권주자로 꼽히며, 차기 정권을 창출할 최적의 적임자로 거론되는 인물이다. 법치와 정의를 앞세운 원칙주의자 이미지와 동시에 비교적 젊은 보수로서의 신선함을 가지고 있어, 2030 세대 표심 공략에 잠재력이 있다. 그렇다면 한동훈의 정치적 방향을 고려할 때, 어떤 청년 맞춤 정책들이 효과적일까? 한동훈은 검사 출신으로 각종 권력형 비리 수사를 담당하며 이름을 알렸고, 법무부장관으로서 권력기관

개혁과 반부패 드라이브를 걸어왔다. 이로 인해 2030 세대가 중시하는 공정성과 정의로움의 가치를 체현한 인물로 인식되는 측면이 있다. 앞서 언급했듯 청년들은 기회의 평등, 반칙 없는 사회를 갈망하기 때문에, 한동훈의 이러한 이미지는 청년들에게 어필할 수 있는 자산이다.

한동훈은 이 같은 이미지를 바탕으로 공정사회 구현 의지를 핵심 메시지로 내세울 수 있다. 예컨대 "연줄과 특권 대신 능력과 노력으로 성공하는 사회"를 만들겠다는 비전을 강조하고, 입시·채용 비리 근절, 권력층의 부당이득 환수 등의 구체적 계획을 제시하면 2030의 신뢰를 얻을 수 있다. 이는 그의 전문 분야이기도 하므로 신뢰성과 실행력 면에서 강점을 부각시키는 전략이 된다. 젊은 층은 공정한 경쟁만큼이나 안전한 사회에도 관심이 높다. 한동훈은 법무장관 시절, 디지털 성범죄, 마약범죄 엄단 등 청년들과 밀접한 사회 문제 해결에 힘쓴 바 있다. 이러한 행보를 확장해 "청년이 안심하고 살 수 있는 환경 조성"을 약속한다면, 청년 남녀 모두에게 호소력이 있다. 예컨대 데이트폭력·스토킹 가중처벌법 추진, 마약 청정국 수호 같은 이슈에 앞장서면서, 법질서를 통해 약자(청년 포함)를 보호하는 모습을 보여줄 수 있다. 또한 법과 원칙을 중시하는 그의 이미지를 경제 분야에도 연결할 수 있다. 공정한 시장환경 조성(대기업-중소기업 갑질 개선, 공정거래 강화 등)은 일자리와 직결되어 청년층에도 이익이다. 한동훈이 경제정의 이슈까지 포괄하여 "공정한 경제를 통한 청년 기회 창출"을 내세우면, 기존 보수 정치인과 차별화되는 개혁적 보수의 이미지를 얻으며 청년 표심을 끌어당길 수 있다.

한동훈이 유의해야 될 부분도 있다. 특히 젠더 갈등 지형에서의 균형감각과 세대 공감 능력이다. 한동훈이 대선에 뛰어든다면 젠더 이슈에서 한쪽으로 치우치지 않는 신중함이 필요하다. 2030 남성의 지지를 얻기 위해 안티페미 담론에 편승하는 것은 단기적 효과는 있을지언정, 2030 여성 표심을 잃어 장기적으로 손해일 수 있기 때문이다. 반대로 여성만을 대변하는 듯한 이미지를 주는 것도 리스크가 크다. 따라서 "모든 청년에게 공정한 기회"라는 큰 틀 아래, 성별에 따라 다른 세부 정책을 제시하는 방식이 바람직하다. 예를 들어 군 장병 복무혜택 확대(청년남성에게 어필)와 경력 단절 여성 지원(청년여성에게 어필)을 패키지로 묶어서 발표함으로써, 남녀 어느 쪽도 소홀히 하지 않는 균형 잡힌 청년 대책이라는 인상을 주어야 한다. 여성가족부 폐지와 같은 극단적 공약 대신, 동일 기구의 기능을 청년·가족·성평등 종합지원부처로 개편하겠다는 식의 대안 제시도 고려해 볼 만하다. 중요한 것은 "나는 청년 남녀 모두의 편"이라는 메시지를 전달하는 것이다.

한동훈은 현재 50대 초반으로 기성세대와 청년세대의 중간 다리 세대이다. 따라서 기성 정치인들보다는 청년들 고민에 공감할 여지가 많지만, 그렇다고 청년 세대에 속하는 것은 아니기 때문에 의식적으로 노력하여 공감대를 형성해야 한다. 이를 위해 청년들과 직접 소통하는 행보가 중요하다. 한동훈이 소셜미디어나 유튜브를 통해 일상적인 생각을 공유하거나, MZ세대가 즐겨보는 예능 프로그램이나 온라인 방송에 출연해 인간적인 면모를 보이는 식의 친근한 접근을 시도하면 좋겠다. 예를 들어 과거 보수 정치인이었던 나경원 전 의원이 젊은 층과 소통하기 위해 예능(홍진경의 유튜브 채널, 전현무의 비정상회담 등)에 나와 딱딱함을 깬 사례 등이 있는데, 한동훈도 자신의 전문성과 카리스마는 유지하되, 유머 감각과 소탈함을 보여줄 기회를 만든다면 청년들에게 호감을 살 수 있다. "젊은 보수의 아이콘"이라는 이미지를 얻기 위해서는 온라인 밈meme이나 유행어에도 가볍게 반응하는 센스 있는 모습도 도움이 될 것이다.

청년들은 정책이 실제 자신들의 삶에 어떻게 도움이 될지를 매우 따진다. 한동훈의 공약 및 정책 구상은 구체적인 실익으로 이어져야 한다. 앞서 열거한 일자리, 주거, 교육, 복지 등의 청년 공약에 대해, 한동훈은 단순한 숫자나 예산 나열이 아니라 적절한 스토리텔링을 섞어 공감도를 높여야 한다. 앞서 정리한 2030 세대 주요 요구사항에 비추어 볼 때, 한동훈에게 특히 효과적일 정책들을 꼽아보면, 취업 비리, 학연·지연 카르텔 척결을 전면에 내세우면, 취준생 등 청년층에 강한 어필이 될 것이다. 예를 들어 "고용 분야의 공정성 감독기구 설치"나 "입시·채용 비리 일벌백계

특별법"제정을 공약한다면 2030 세대의 열렬한 지지를 받을 수 있다. 이는 그의 기존 검사 및 법무장관으로서의 법치주의자 이미지를 강화함과 동시에 청년들이 직접적으로 환영할 만한 공약이다. 정부의 청년 주택공급 공약(역세권 첫 집 등)을 계승·발전시키고 보다 속도감 있게 추진하겠다고 약속하는 것도 효과적이다. 특히 "청년 맞춤형 주택 00만 호 공급", "청년 월세 10만 원 시대" 등의 캐치프레이즈로 임팩트 있게 다가갈 수 있다. 한동훈은 법률가답게 이러한 정책의 구체적 실행 로드맵과 재원 조달까지 명확히 제시함으로써, "말이 아니라 실현 가능한 계획"이라는 신뢰를 줄 필요가 있다. 주거 문제 해결에 실질적 의지를 보이면 청년들의 기대를 얻을 것이다.

경제 분야에서는 청년 친화 산업 육성을 한동훈식으로 풀어 내야 한다. 예컨대 AI, 바이오, 친환경 신산업에 대한 과감한 규제 혁파와 투자 유치를 약속하며 "새로운 산업에서 청년 일자리 10만 개 창출" 같은 목표를 세울 수 있다. 또한 스타트업 규제 샌드박스 확대나 청년 기업인 세제 혜택 등 보수 진영 특유의 친시장 정책을 청년 지원에 접목하면 일석이조 효과를 낼 수 있다. 이런 경제공약은 미래에 대한 희망을 주기 때문에, 현금지원 중심의 단기 처방보다 2030 세대의 마음을 더 움직일 수 있다.

젠더 이슈에 대해서는 앞서 언급한 균형 잡힌 접근을 정책화

할 필요가 있다. "MZ세대 남녀 모두를 위한 평등플랜" 등의 이름으로 군입대 남성 대상 학점 인정·취업가산점 부여, 여성 경력 단절 방지를 위한 육아휴직 급여 인상 등을 함께 묶어 제시하면 남녀 청년 모두 환영할 수 있는 정책 패키지가 될 것이다. 또한 한동훈은 법무부 경험을 살려 데이트폭력, 불법 촬영 엄벌법과 군 내 괴롭힘 방지법(남녀 모두 해당되는 안전 이슈)을 동시에 추진하겠다고 약속함으로써 "안전하고 존중받는 청년사회"를 약속하는 것도 좋은 접근방법이다. 이러한 투트랙 전략은 젠더 문제로 갈라진 표심을 한동훈에게 모으는 데 기여할 것이다.

한동훈이 차후 대선에서 승리하였을 때, 청년 인재 등용과 정치 혁신을 약속하는 것도 중요하다. 예를 들어 "당내 2030 최고위원 할당제"라든지, "청년보좌관제" 등을 도입해 실제 의사결정 과정에 청년 참여를 보장하겠다고 하면 청년층 지지를 얻을 수 있다. 또한 기존 구태적인 보수 정당의 이미지를 쇄신하기 위해 세대교체를 내걸고, 젊은 정당으로 변화하겠다는 혁신안을 밝히는 것도 도움이 된다. 즉, 한동훈이 중심이 되어서 만들어 갈 "젊은 보수가 이끄는 혁신적 변화"를 보여줄 때, 정치에 냉소적인 청년들도 마음을 열 가능성이 크다. 공정과 상식, 그리고 법치라는 테마는 한동훈의 트레이드마크로 유지하되, 거기에 청년 일자리·주거·기회 보장을 접목하고, 젠더 균형 감각을 잃지 않는 것이 핵심이다. 이러한 노선을 취한다면 한동훈은 보수 진영의 기득권

이미지에서 탈피해 개혁적이면서 청년 친화적인 리더로 부상할
수 있을 것이다.

해외 정치인의 2030 세대 공략 성공 사례

미국 : 버락 오바마

2030 세대의 마음을 사로잡은 해외 정치인들의 사례를 살펴
보면, 젊은 유권자에게 효과적인 전략이 무엇인지 시사점을 얻
을 수 있다. 미국과 유럽 등의 사례를 몇 가지 들어보겠다. 2008
년 미국 대선에서 버락 오바마Barack Obama 후보는 젊은 층의 열렬
한 지지를 받아 대통령에 당선되었다. 오바마 캠페인은 "Yes We
Can"이라는 슬로건 아래 변화와 희망의 메시지를 전달하며, 전
통적으로 투표율이 낮던 30세 미만 유권자를 대거 투표장으로
끌어냈다. 그 결과 30세 미만 유권자의 66%가 오바마에게 투표
하여, 젊은 층과 다른 연령층의 지지율 격차가 몇십 년 만에 가
장 크게 벌어지는 진기록이 나타났다.

오바마의 2030 세대 공략 전략은, 당시에 새롭게 부상하던 페
이스북, 유튜브 등의 소셜미디어를 적극 활용한 첫 번째 대선 캠
페인으로 유명하다. 젊은 유권자들이 있는 온라인 공간에서 지

지자 네트워크를 만들고, 정보 공유와 토론을 활발히 유도했다. 또한 문자메시지와 이메일을 이용한 선거운동을 펼쳐 청년들의 자발적 참여를 이끌어냈다. 이처럼 혁신적인 소통 방식을 통해 젊은이들의 정치 참여 장벽을 낮추고, 스스로 캠페인의 일부라고 느끼게 만들어 주었다. 오바마는 대학생과 청년 자원봉사자들을 촘촘히 조직화했다. 각 대학 캠퍼스마다 "오바마의 학생들 Students for Obama" 모임을 만들고, 커뮤니티별로 청년 지지자들이 풀뿌리 조직grassroots을 꾸려 지역 청년들을 설득하도록 했다. 이러한 하향식이 아닌 상향식의 운동 방식은 청년들 특유의 에너지와 열정을 표출할 수 있는 공간을 마련해 주었고, 동시에 동년배의 권유를 받으면 투표에 더 참여하게 되는 효과를 거두었다.

오바마의 연설은 스토리텔링과 공감으로 가득했다. 특히 인종을 넘어 모든 세대가 공감할 수 있는 "아메리칸드림"의 비전을 제시하며, 이라크 전쟁 종식, 경제 회복 등 청년들이 원하는 미래상을 그렸다. 기성 정치에 염증을 느낀 젊은층에게 오바마는 "워싱턴 정치판을 바꿀 outsider"로 비쳤고, 첫 흑인 대통령이라는 상징성도 변화의 아이콘으로서 젊은이들의 이상주의와 맞아떨어졌다. 그 결과 젊은 층에서 압도적 지지를 얻어, 2008년 선거는 "청년이 승리를 만든 선거"로 불리게 되었으며, 이른바 오바마 사례의 교훈이 되었다. 2030 세대는 현실 정책도 원하지만, 그에 못지않게 "함께 변화시킬 수 있다"는 열정과 낙관을 불어넣어 줄 리더십에 반응한다는 점이다. 온라인 소통, 풀뿌리 참여, 가치 있는 비전 제시가 청년들을 움직였던 것이다.

프랑스 에마뉘엘 마크롱

프랑스의 에마뉘엘 마크롱Emmanuel Macron은 2017년 대선에서 승리할 당시 만 39세로, 프랑스 역사상 최연소 대통령이 되었다. 마크롱은 기존 좌우 거대정당에 속하지 않고, 자신의 신당인 "앙 마르슈En Marche!"를 창당하여 젊은 층의 지지를 얻었다. 마크롱은 "젊고 유능한 혁신가" 이미지를 지속적으로 고수하였다. 글로벌 금융위기와 높은 실업률로 좌절하던 프랑스 청년들에게, 마크롱은 낡은 정치를 깨고 경제를 활성화할 실용주의자로 비쳤다. 그는 좌도 우도 아닌 실용 중심의 행보로 이념에 덜 얽매인 청년층을 공략했다. 또한 스타트업 지원, 노동시장 유연화와 사회안전망 결합 같은 새로운 조합의 정책을 제안하여, 이념논쟁보다 문제 해결형 접근을 보인 것이 청년들의 눈에 신선하게 다가왔다.

마크롱의 앙마르슈 운동은 시민들과의 대화와 참여를 강조했다. 그는 후보 시절 전국을 돌며 경청 투어grande marche를 했고, 각 지역의 평범한 시민들(그중 상당수는 청년층)이 직접 참여하는 정책 대화를 가졌다. 이 과정에서 젊은 자원봉사자들이 캠페인의 중심으로 활약했고, 소셜미디어를 통해 서로 연결되었다. 한 기사에 따르면, "젊은 후보가 혁신적 방식으로 청년들을 적극 참여시킬 때, 그들은 정치 동력이 될 수 있다"고 했다. 실제로 마크롱 캠페인은 온라인 플랫폼을 통해 청년 의견을 수렴하고, 슬랙Slack 등 IT 도구로 봉사자들을 조직하며 스타트업 같은 선거운동을 펼쳤다. 마크롱은 EU 통합 지지, 친환경 에너지 전환, 교육 개혁 등 미래 세대를 위한 어젠다를 강조했다. 청년층 다수가 EU에 우호적이고 개방적이었기에, 반反이민·반EU 정서를 내세운 극우 르펜 후보와 대비되어 마크롱이 청년 지지를 얻을 수 있었다. 또한 마크롱 자신이 젊은 후보였던 만큼, 그 존재 자체가 변화의 상징으로 여겨져 젊은 유권자들의 기대를 모았다. 마크롱 사례는 젊은 리더십과 새로운 정치 플랫폼이 만나면 세대교체를 원하는 청년들의 폭발적 지지를 얻을 수 있음을 보여주었다.

캐나다 - 저스틴 트뤼도 총리

캐나다의 저스틴 트뤼도Justin Trudeau 총리는 2015년 총선에서 승리하며 40대 초반의 젊은 나이로 집권했다. 트뤼도의 성공에는 청년층의 지지가 큰 몫을 한 것으로 나타났다. 실제로 2015년 캐나다 총선에서 18~29세 투표율이 2011년 42%에서 2015년 57%로 급등했을 정도로 청년들이 적극 참여했다. 그리고 그 청년 유권자의 45%가 트뤼도가 이끄는 자유당을 선택하여, 청년 표심이 정권교체의 중요한 동력이 되었다.

당시 트뤼도는 대마초 합법화, 선거제도 개혁, 청년층 세금 감면 등의 파격적인 공약을 내걸었다. 특히 대마초 합법화는 젊은 층에서 지지가 높았던 이슈였고, 실제로 집권 후 공약을 이행하여 청년 유권자들의 신뢰를 얻었다. 또한 대학 등록금 문제, 청년 실업 대책 등에서도 확실한 지원책을 제시했다. 이러한 젊은 감각의 공약들은 이전 보수 정부와 대비되어 변화를 바라는 청년 표심을 끌어모았다. 트뤼도는 SNS 스타 정치인으로도 유명하다. 후보 시절부터 트위터, 페이스북 등을 통해 유세 현장을 생중계하고, 유권자들과 댓글로 소통하는 등 친근한 온라인 이미지를 구축했다. 또한 대중문화 활용에도 능해서, TV 예능이나 토크쇼에 출연해 춤을 추거나 코믹한 모습을 보여주는 등 친근하고 인간적인 매력을 보였고, 이러한 모습들이 유튜브 등으로 확산되며 젊은층에 호감을 쌓았다. "정치인도 우리와 비슷한 감성을 지녔다"는 인식을 준 것이다.

트뤼도는 캐나다 역사상 두 번째로 젊은 총리였을 뿐 아니라, 내각을 꾸릴 때 절반을 여성 장관으로 임명하며 포용과 다양성을 강조했다. "왜 여성 장관이 절반인가?"라는 질문에 "2015년이니까요 Because it's 2015"라는 그의 답은 유명한 일화이다. 이러한 행보는 평등과 다양성을 중시하는 밀레니얼 세대의 가치관과 부합하며 청년들의 자부심을 일깨웠다. 또한 트뤼도 자신의 젊음이 정치권 세대교체의 상징으로 여겨져, 오바마와 마찬가지로 희망과 변화를 체현하는 인물로 청년층이 열광했다.

결국, 한동훈

트뤼도 사례에서 주목할 점은, 청년층이 원하는 정책을 솔직하게 약속하고 실천함으로써 신뢰를 형성했다는 점이다. 그리고 새 시대 감수성에 맞는 이미지와 소통 방식으로 청년층의 공감을 얻을 수 있었다. 다만 이후 집권을 하면서 일부 약속 불이행 등으로 청년 지지도가 떨어지기도 했는데, 이는 청년 유권자들이 기대만큼 빠르게 성과를 보지 못하면 실망도 크다는 교훈을 준다.

한동훈 2030 미래 전략 보고서

한동훈이 2030 청년세대를 공략하기 위해 취할 수 있는 전략적 접근은, 정책적인 측면과 캠페인 전략, 두 가지로 나누어 볼 수 있다. 한동훈은 자신이 강점을 가진 법치·공정 분야에서 청년 맞춤 아젠다를 개발해야 한다. 예컨대 "청년 공정권 보호 특별법"을 제안해 학연·지연·부정부패로 청년들이 피해 보는 일을 막겠다는 큰 그림을 제시할 수 있다. 또한 일자리, 주거, 교육, 젠더 등 청년 4대 이슈에 대해 앞서 논의한 현실적 공약 패키지를 마련해야 한다.

핵심은 각각의 공약이 청년 유권자에게 어떻게 이익이 되는지 명확히 보여주는 것이다. 공약 하나하나에 청년 사례자 스토리를 붙여서, 정책이 구현되면 "당신의 삶이 이렇게 바뀝니다"를 쉽게 설명하는 식이다. 미국의 버니 샌더스가 제시했던 대학 등록금 부담 경감 공약은 한국 청년들에게도 매력적일 수 있다. 한동훈은 보수 진영이더라도 "교육 투자에는 진보·보수 구분이 있을 수 없다"는 입장으로 국공립대 반값 등록금 등을 검토해 볼 수 있다. 또 캐나다 트뤼도가 실행한 대마초 합법화와 같은 과감한 공약은 한국 정서에 맞지 않을 수 있지만, 그 정신을 살려 "젊은 세대의 목소리가 크면 불가능해 보이는 변화도 이룰 수 있다"는 메시지를 주는 것이 중요하다.

현 정부나 당에서 이미 추진 중인 청년 정책이라도 한동훈의 브랜드로 재포장할 필요가 있다. 예컨대 윤석열 정부의 청년주택, 병사 월급 인상 등은 앞서 언급한 대로 좋은 소재이다. 한동훈이 대선에 후보자로 나선다면, "제가 확실히 챙겨 더 업그레이드하겠습니다"라며 본인의 약속으로 각인시켜야 표심에 효과가 있을 수 있다. 또한 기성 정치인들이 신뢰를 잃은 부분 — 이를테면 취업 스펙 거래 적발, 공공기관 채용 비리 척결 같은 분야 — 을 자신이 책임지고 해내겠다고 약속하면 "역시 한동훈이라면 다를 것"이라는 이미지를 심어줄 수 있다.

젠더 분야는 한동훈이 꼼꼼한 기획을 통해 동시 만족형 정책을 내놓아야 하는 영역이다. 캠페인 중 별도 섹션을 두어 "MZ세대 남녀가 함께 웃는 정책" 리스트를 발표해야 하며, 여기에는 남성 대상 정책과 여성 대상 정책이 짝지어 포함됨과 동시에 모든 청년을 위한 정책(예: 연애 폭력 방지, 디지털 성범죄 처벌 강화 등)도 넣어야 한다. 이렇게 한쪽에 치우치지 않은 종합 대책임을 강조하고, 성별 갈라치기를 하지 않겠다는 의지를 천명해야 한다. 이때 해외의 사례, 예컨대 핀란드의 남녀 동등 징병제 토론이나 아이슬란드의 임금 격차 해소법 등을 인용하며, 한국에 맞게 적용하겠다고 설명하면 설득력을 더할 수 있다.

또한, 2030 세대 중에는 기후 위기, 동물권, 인권 등 포스트 물질주의 가치에 관심이 큰 층도 있다. 보수정치도 이 부분을 간과해선 안 된다. 한동훈이 기후변화 대응이나 ESG (환경 Environmental, 사회Social, 지배구조Governance) 산업 육성 등을 언급하며 "미래 세대를 위한 책임"을 말한다면, 진보 진영에만 있던 이슈를 포용하면서 청년 표심 저변을 넓힐 수 있다. 해외에서 젊은 층이 기후 이슈로 결집했던 사례 즉, 스웨덴의 그레타 툰베리 운동(세계적인 환경 의식 고취와 실천적 행동을 이끌어내는 데 큰 역할)을 들면서 "이제 대한민국 청년도 그런 목소리를 낼 때"라고 공감해 준다면, 환경·인권 의식 높은 청년들에게도 긍정적 인상을 줄 것이다.

한동훈의 가장 큰 전략 포인트 중 하나는 온라인을 장악하는 것이다. 미국 오바마 캠페인이 그랬듯, SNS와 유튜브, 온라인 커뮤니티를 활용한 선거전략을 면밀히 세워야 한다. 한동훈이 직접 페이스북 라이브 Q&A를 정기적으로 열거나, 틱톡이나 인스타그램 릴스에 도전해 보는 것도 검토할 만하다. 다소 생소할 수 있지만, 짧은 영상으로 정책이나 생각을 전달하는 콘텐츠는 젊은 층에게 어필될 수 있다. 또한 2030 세대가 모여있는 커뮤니티(디시 인사이드, 클리앙, 에브리타임 등)에 대해도 잘 파악하고, 필요하면 캠페인 팀 내에 온라인 여론 대응 전담반을 두어 실시간으로 젊은층의 의견을 수렴하고 대응하는 체계를 구축해야 한다. 요컨대, 디지털 선거운동에 있어서는 여당·야당을 통틀어 가장 젊고 앞선 후보라는 인상을 심어주는 것이 중요하다.

해외 사례에서 보았듯, 청년들을 단순 표적이 아니라 캠페인의 주역으로 세우는 전략이 성공 열쇠가 된다. 한동훈 캠페인은 2030 자원봉사자들로 구성된 "청년 선거위원회"를 조직하여, 이들이 직접 홍보 아이디어를 내고 실행하게 권한을 줄 수 있다. 예를 들어 MZ 선대위를 만들어 정책도 토론하고, 그 결과를 한동훈 후보가 받아 안는 그림을 연출하면 "함께 만드는 캠페인"으로 입소문이 날 것이다. 청년 선대위에서 나온 아이디어로 밈meme이나 유행어를 활용한 선거 홍보물이 나온다면 자연스럽게 바이럴 마케팅 효과도 기대할 수 있다. 한동훈은 엘리트 이미지가 있으므로, 인간적으로 소통하고 공감하는 면모를 보여주는 스토리텔링이 캠페인에서 필요하다. 2030 청년들이 "내가 한동훈을 지지하는 이유"라는 인터뷰 영상 시리즈를 만들어 일반 청년들이 자신의 언어로 한동훈을 향한 기대를 말하게 한다면, 동년배 MZ

결국, 한동훈

들에게 큰 호소력이 있을 수 있다. 감성적인 음악과 함께 2030의 꿈과 희망을 응원하는 한동훈의 모습을 보여주는 홍보 영상도 좋을 듯하다. 이런 감성 자극은 이념논쟁보다 오히려 표심에 강하게 와닿을 수 있다.

한동훈이 대중 앞에 친근하게 다가가는 퍼포먼스들도 필요하다. 가령 젊은이들과 함께 PC방에서 PC게임을 하는 것이다. MZ세대가 좋아하는 AOS, MOBA, RPG, MMORPG 장르의 게임을 한동훈이 같이 한다면 게임의 결과를 떠나서 그 자체로 MZ는 열광할 것이다. 또한 길거리 농구나 풋살 축구를 한다든지, 홍대 또는 건대입구역 앞 버스킹 공연에 깜짝 등장한다든지 하는 이벤트로 뉴스를 만들 수 있다. 해외에서는 후보들이 토크쇼에 나와 춤추거나 노래하기도 하는데, 한국 정서상 과하지 않은 선에서 예능감 있는 면모를 보여주는 것도 고려해 볼 만하다. 이러한 시도들은 언론과 소셜네트워크에서 자연스러운 화제가 되어, 돈 들이지 않고도 홍보 효과를 보는 이점이 있다. 다만 진정성 있게 보이도록 사전에 충분히 준비하고 어색함을 줄이는 노력이 필요하다.

캠페인 과정에서 청년층이 열광하는 인물을 영입하거나 협력하는 것도 방법이 된다. 예컨대 IT 창업가 출신의 30대 유명인이나, 청년 시민운동가, 또는 문화예술 분야에서 MZ세대 팬덤이 있는 셀럽 등을 캠프에 합류시키면 청년층의 주목도가 올라갈 수 있다. "한동훈과 새로운 미래를 함께 준비한다"는 이미지를 주기 위해 이러한 상징적 인물들이 필요하다. 미국 오바마 캠프 때도 젊은 할리우드 스타들이나 음악가들이 지지선언을 해서 화제가 되었고, 버니 샌더스도 인기 밴드와 콜라보하여 콘서트를 여는 등 문화적 접근을 시도했다. 한국에서도 청년세대가 좋아하는 인플루언서와 협업하여 콘텐츠를 만들거나 토크 콘서트를 열면 효과적일 것이다.

2030 세대는 내부적으로도 이질적인 집단이므로, 세분화된 데이터 분석을 통한 정밀 전략이 필요하다. 예를 들어 20대 초반 대학생과 30대 후반 직장인의 이슈 관심도가 다를 수 있다. SNS 여론, 지역별 청년 표심 동향 등을 빅데이터로 분석하여 맞춤 메시지를 던져야 한다. 한동훈 캠프는 데이터 분석팀을 가동해 실시간으로 청년층 반응을 모니터링하고, 캠페인 메시지를 조정하는 애자일agile 전략 (애자일 = "기민한", "민첩한"이라는 뜻, 빠르게 변화하는 환경에 민첩하게 대응하는 방식)을 취해야 한다. 이는 마치 하나의 스타트업처럼 유연하고 기민하게 선거전략을 운영하는 것으로, 빠르게 변하는 여론에 대응할 수 있게 해줄 것이다.

대한민국 2030 세대는 더 이상 정치의 주변인이 아니라, 결정적 역할을 하는 주역이 되었다. 이들의 표심은 더 이상 일률적이지 않으며, 남녀 간에, 집단 내에 다양한 스펙트럼을 보이고 있다. 2030 세대가 진정으로 원하는 것은 거창한 수사가 아니다. 자신의 삶을 나아지게 해 줄 현실적인 변화에 끌릴 것이다. 일자리,

주거, 교육, 공정, 젠더, 참여와 같은 구체적인 이슈에서 해법을 제시하고 신뢰를 주는 정치인에게 기꺼이 표를 던질 준비가 되어 있다. 한동훈이 대선에서 승리하고자 한다면, 이러한 청년들의 목소리에 귀를 기울이고 과감하면서도 세심한 전략을 펼쳐야 할 것이다. 청년의 마음을 얻는 자가 대선에서 반드시 승리한다. 앞에서도 언급했지만, 오바마는 희망의 메시지로, 마크롱은 새로운 운동으로, 트뤼도는 젊은 감성으로 청년들을 사로잡았다. 한국에서도 한동훈은 공정과 정의라는 자신의 강점을 바탕으로, 청년층이 열광할 변화를 제시하고, 그들과 함께 뛰는 모습을 보여준다면 충분히 2030 세대의 광범위한 지지를 확보할 수 있다.

마지막으로 기억해야 할 것은, 정치는 사람의 마음을 움직이는 예술이다. 숫자와 정책도 중요하지만, 2030 세대의 가슴에 불을 지필 감동과 공감이 더욱 필요하다. 한동훈식의 똑 부러지는 카리스마에 청년을 향한 진심 어린 공감과 비전을 더한다면, 젊은 세대는 기꺼이 그의 손을 들어줄 것이다. 2030 세대의 꿈과 고민을 자기 일처럼 느끼고, 그 해결을 위해 같이 뛰는 대선 후보— 그런 모습을 보여줄 때, 한동훈은 2030 세대의 마음을 얻고 나아가 대한민국의 미래 정치 지도자로 거듭날 수 있을 것이다. 결국 2030을 이해하는 자가 미래를 얻는다는 말처럼, 청년과 동행하는 정치만이 국민의 더 큰 지지를 얻을 수 있음을 명심해야 한다.

5

정계, 언론계 원로들이 바라보는
한동훈 현상

한동훈의 정치적 행보와 리더십 스타일은 현재 다양한 논란
과 함께 뜨거운 관심의 대상이 되고 있다. 특히 12·3 비상계엄 사
태 이후, 그의 대응과 이후 정치적 선택들이 많은 이들에게 깊은
인상을 남기며, 그에 대한 평가 역시 긍정과 비판이 교차하는 양
상을 보이고 있다. 이에 따라 서로 다른 정치적 배경과 관점을 가
진 김종인, 진중권, 조갑제, 김진과 같은 저명인사들의 평가를 통
해 한동훈 현상이 한국 정치에서 어떤 의미를 가지며, 앞으로 어
떤 방향으로 나아갈지에 대한 다각적인 분석이 필요해 보인다.
각기 다른 네 명의 시각은 한동훈이라는 인물이 가진 정치적 가
능성과 돌파해야 하는 현실적인 장벽, 그리고 그가 한국 정치 무
대에서 차지하는 위치를 보다 입체적으로 이해하는 데 중요한 단

서를 제공한다. 이 장에서는 이들 네 명의 평가를 중심으로 한동훈 현상이 현대 한국 정치에서 어떤 맥락과 의미를 가지며, 그의 정치적 미래와 관련된 다양한 가능성을 탐구하고자 한다.

김종인 전 비대위원장이 바라보는 한동훈 현상

김종인은 한동훈이야말로 국민의힘의 차기 대선 후보로서 높은 잠재력과 정치적 역량을 갖춘 인물이라고 평가한다. 심지어, 김종인이 봤을 때, 현재로서는 가장 유일하고 유력하다라고 말했다. 김종인은 한동훈을 단순한 정치인이 아니라 국가의 미래를 이끌어갈 수 있는 리더로 평가하며, 한동훈이 과거 당대표 선거에서 63%라는 높은 지지율을 얻었던 점을 언급하며, 이 지지율을 본격적인 대선 레이스에 들어가면 금방 회복할 것이라고 전망한다. 이는 한동훈이 이미 강력한 팬덤 지지 기반을 확보하고 있으며, 그 기반이 여전히 살아있다는 김종인의 믿음을 보여준다.

김종인은 한동훈의 정치적 확장성을 특히 강조한다. 그는 조기 대선이 열릴 경우, 한동훈이 국민의힘 내에서 가장 중도 확장성이 있는 후보라고 평가하였는데, 이는 한동훈이 당내 지지뿐만 아니라, 더 넓은 국민적 지지를 끌어모을 수 있는 능력을 갖췄다는 의미로 해석된다. 한동훈의 확장성은 그의 정치적 매력과 대중적 호소력에서 비롯되는데, 김종인은 한동훈이 다른 후보들에 비해 이 점에서 두드러진다고 보았다. 예를 들어, 한동훈이 계엄에 반대한 용기를 김종인은 높이 평가한다. 이 사건은 한동훈의 소신과 민주주의에 대한 신념을 보여주는 사례로, 김종인은 이를 한동훈이 당내 지지층을 넘어 국민 전체로부터 신뢰를 얻을 수 있는 기반으로 판단한다. 특히 조기 대선이 실시되면 계엄 반대 입장이 한동훈에게 유리한 정치적 환경을 조성할 수 있다고 김종인은 전망한다.

한동훈의 정치적 역량에 대해서도 김종인은 긍정적인 시각을 드러낸다. 한동훈을 "신선하고 젊고 시대의 흐름을 따를 줄 아는 역량을 갖췄다"고 표현하며, 이는 그가 현대 정치의 요구에 부합하는 인물임을 시사한다. 김종인은 한동훈이 젊은 세대와 소통할 수 있는 능력과 시대적 감각을 갖췄다고 보며, 이는 국민의힘이 미래를 준비하는 데 반드시 필요한 자질임을 강조한다. 한동훈은 과거의 보수적 가치를 답습하는 인물이 아니라, 새로운 시대에 맞는 비전을 제시할 수 있는 인물로 보는 것이다. 이러한 판단은 한동훈이 국민의힘을 혁신하고 세대교체를 이루는 데 중요한 역할을 할 수 있다는 김종인의 기대를 반영한다.

김종인은 한동훈의 대선 출마가 불가피하다고 보며, 이는 정치적 필연성에 기인한다고 설명한다. 한동훈이 이미 정치에 깊이 관여하고 있고, 그의 정치적 야망과 능력을 고려할 때 대선 후보로 나서는 것이 자연스러운 수순이라고 김종인은 판단한다. 한동훈이 "큰 뜻을 품고 무대에 출연하는 것이 정상"이라는 김종인의 발언은 한동훈이 정치적 책임을 회피할 수 없는 위치에 있다고 본다는 뜻이다. 또한 한동훈의 대선 출마는 국민의힘 내부의 경쟁 구도를 변화시키고 당의 혁신을 촉진할 수 있다고 김종인은 전망한다. 예를 들어, '오세훈 대 한동훈' 혹은 '김문수 대 한동훈' 같은 대결 구도를 통해 과거를 지향하는 후보와 미래를 지향하는 후보 간의 경쟁이 펼쳐질 것이며, 이는 당의 방향성을 재정립하는 데 기여할 것이라고 본다. 김종인은 한동훈이 이런 경쟁에서 두각을 나타낼 가능성이 높다고 평가한다.

한동훈의 국민적 지지에 대해서도 김종인은 낙관적인 평가를 내린다. 한동훈이 장관 시절 보여준 신선미와 소신 있는 발언이 일반 국민들로부터 지지를 받았다고 보며, 이는 그의 정치적 자산으로 작용할 것이라고 분석한다. 특히 계엄에 반대한 입장은 민주주의를 수호하려는 소신으로 해석될 수 있으며, 이는 한동훈이 보수 진영을 넘어 중도층까지 아우를 수 있는 잠재력을 보여준다고 평가한다.

김종인은 한동훈의 대선 출마가 다른 후보들과의 경쟁에서 유리한 위치를 점할 것이라고 확신한다. 특히 이재명 더불어민주당 대표와의 경쟁에서 한동훈이 가장 효과적으로 맞설 수 있는 후보라고 평가하며, 이는 한동훈의 정치적 전략과 대중적 호소력이 뛰어나기 때문이라고 본다. 이재명과의 대결에서 한동훈은 신선함과 소신으로 차별화된 이미지를 구축할 수 있으며, 이는 국민의힘이 정권 재창출을 노리는 데 유리한 조건이 될 것이라고 김종인은 전망한다. 한동훈을 통해 세대교체와 미래 지향성을 실현할 수 있으며, 이는 당의 장기적인 발전에 필수적이라고 강조한다. 국민의힘이 젊은 세대를 지도자로 양성해야 미래가 있다는 김종인의 믿음은 한동훈을 중심으로 구체화되고 있다. 한동훈은 과거의 보수 이미지를 탈피하고, 새로운 시대에 맞는 보수 정당으로 거듭나게 할 수 있는 잠재력을 지녔다고 판단한 것이다.

이처럼 김종인이 바라보는 한동훈은 일개 정치인을 넘어, 시대의 흐름을 읽고 국민의힘을 새롭게 정의할 수 있는 인물이다. 그의 정치적 확장성과 소신, 국민적 지지 기반은 김종인이 한동훈을 차기 대선 후보로 강력히 지지하는 근거가 된다. 한동훈을 통해 국민의힘이 세대교체를 이루고, 정권 재창출의 발판을 마련할 수 있다는 김종인의 비전은 한동훈에 대한 그의 평가 속에 고스란히 담겨 있다.

조갑제 전 월간조선 편집장이 바라본
한동훈 현상

조갑제가 한동훈을 차기 대권 후보로 강력히 지지하며 극찬하는 내용은 그의 정치적 행보와 특히 12·3 비상계엄 사태에서의 역할을 중심으로 매우 상세하게 전개된다. 조갑제는 한동훈이 비상계엄 선포 직후 가장 먼저 "잘못된 계엄입니다. 국민과 함께 막겠습니다"라는 메시지를 발표하고, 군경에 "동조하지 말고 부역하지 마세요"라 당부한 대응을 한동훈이라는 정치인의 서사에 길이 남을 사건으로 평가했다. 이는 단순한 정치적 발언이 아니라, 여당 대표로서 대통령의 결정을 공개적으로 반대하는 결단을 내린 행동으로, 조갑제는 이를 계엄을 좌절시키는 데 결정적인 기여를 한 역사적 사건으로 보았다. 그는 한동훈이 이 사건을 통해 국민의힘을 구원하고 보수 진영에 새로운 방향을 제시할 수 있는 리더로 자리 잡았다고 분석한다. 한동훈이 단순한 정치인이 아니라, 위기 상황에서 국민과 함께 서는 진정한 리더십을 보여준 인물이라는 조갑제의 평가는 그의 극찬이 얼마나 높은 수준인지를 잘 보여준다.

조갑제는 한동훈의 젊은 나이를 정치 세대교체의 상징으로 강조하며, 조기 대선이 열릴 경우 "세대교체"라는 시대정신을 한동훈이 대표할 적임자로 꼽는다. 이는 기존 정치권에 대한 피로감을 느끼는 유권자들에게 신선한 대안을 제시할 수 있는 가능성을 열어주는 요소로 평가된다. 한동훈이 비상계엄 반대와 부정선거 음모론을 배격하며 합리적 보수의 입장을 견지해 왔다는 점도 조갑제가 높이 평가하는 부분이다. 이는 한동훈이 보수 진영의 전통적 틀에 갇히지 않고, 중도층의 지지를 확보할 수 있는 확장성을 지녔음을 보여준다. 조갑제는 한동훈의 이러한 태도가 보수정치의 경직된 이미지를 탈피하고 더 넓은 지지층을 형성할 수 있는 기반이 될 것으로 본다.

한동훈이 헌법 84조 유권해석을 통해 이재명 대표의 "대통령이 되면 재판이 정지된다"는 주장을 논리적으로 반박한 사례를 조갑제가 언급하며, 그의 법률적 전문성과 정치적 통찰력을 극찬하는 대목도 주목할 만하다. 이는 한동훈이 단순히 법률적 지식을 활용한 것이 아니라, 정치적 논쟁에서 명확한 논리를 제시할 수 있는 리더의 자질을 입증한 사례로 평가된다. 조갑제는 이러한 능력이 한동훈을 대권 후보로서 더욱 돋보이게 한다고 본다. 비상계엄 해제에 기여한 공적을 부각시킬 경우, 대선에서 충분히 승산이 있다는 조갑제의 판단은 한동훈의 정치적 자산이 얼마나 큰지를 보여주는 핵심적인 분석이다. 조갑제는 이 사건이 한동훈에게 강한 명분을 제공했으며, 국민들에게 그의 리더십과 결단력을 깊이 각인시켰다고 본다. 한동훈이 그저 위기 상황에서 대응한 것이 아니라, 국민과 함께 계엄을 막아내며 정치적 신뢰

결국, 한동훈

를 쌓았다는 점은 조갑제의 평가에서 중요한 비중을 차지한다.

조갑제는 한동훈을 보수 진영을 혁신할 인물로 보아, 그의 합리적 태도가 보수정치의 새로운 방향을 제시할 수 있다고 분석한다. 한동훈이 기존의 보수 정치가 가진 한계를 넘어 더 유연하고 포용적인 정치적 입장을 보여줄 수 있다는 점에서, 조갑제는 그를 보수 진영의 미래를 이끌 리더로 평가한다. 한동훈의 정치적 행보가 보수층을 만족시키는 데 그치지 않고, 중도층까지 아우를 능력과 가능성을 지녔다는 점도 조갑제가 극찬하는 이유 중 하나다. "정치인은 역사가 주는 사명을 수행해야 할 의무가 있다"는 조갑제의 말은 한동훈의 대선 출마를 필연적 선택으로 해석하며, 비상계엄 사태에서의 대응을 역사적 사명을 다한 사례로 본다. 조갑제는 한동훈이 이 사건을 통해 국민과 함께 서는 리더로서의 면모를 보여줬으며, 이는 대권 도전의 명분과 자격을 충분히 갖추게 한다고 평가한다.

조갑제는 한동훈이 대권에 도전할 경우 승산이 있다고 전망하며, 그의 역사적 역할과 정치적 자산이 보수 진영의 새로운 리더로 자리 잡게 할 열쇠라 본다. 한동훈이 빠르게 출마 선언을 하고 적극적인 정치적 행보를 보인다면 이러한 가능성은 현실로 이어질 수 있다. 그의 대권 도전은 보수 진영과 한국 정치의 미래를 위한 중요한 전환점이 될 수 있다. 조갑제가 한동훈의 비상계엄 대응을 "역사가 부여한 사명을 완수한 것"이라 평가하는 점은

그의 극찬이 단순한 지지가 아니라 깊은 신뢰에 기반함을 보여준
다. 한동훈이 중도층과 보수층을 아우를 수 있는 인물이라는 분
석은 조갑제가 그의 정치적 잠재력을 얼마나 높게 보는지 나타낸
다. 조갑제는 한동훈이 대선 출마를 통해 국민들에게 새로운 리
더십을 보여줄 수 있다고 보며, 이는 한국 정치의 판도를 바꿀 기
회로 본다. 한동훈의 정치적 행보와 과거 업적이 조갑제의 평가
를 통해 더욱 두드러지게 드러나며, 그의 대권 도전이 현실화될
경우, 보수 진영에 새로운 활력을 불어넣을 수 있다는 점에서 조
갑제의 지지는 큰 의미를 지닌다. 한동훈이 조갑제의 분석대로
대권에 도전하고 국민들의 지지를 얻는다면, 한국 정치의 새로운
장이 열릴 가능성이 크다. 조갑제의 분석과 평가는 한동훈의 정
치적 잠재력을 극대화하는 데 중요한 역할을 하며, 그의 대권 도
전이 현실화될 경우, 보수 진영과 한국 정치 전반에 큰 변화를 가
져올 수 있다. 한동훈의 정치적 자산이 조갑제의 극찬과 함께 더
욱 빛을 발하며, 이는 그의 대권 도전이 성공적으로 이어질 수 있
는 중요한 계기가 될 것이다.

김진 전 중앙일보 논설위원이 바라본
한동훈 현상

최근 김진 논설위원만큼 노골적으로 한동훈을 극찬하는 사람이 있을까? 라고 할 만큼 김진 논설위원은 자신의 유튜브채널 김진 TV를 통해 한동훈을 가장 유력하고 가장 적합한 국민의힘 차기 대선 후보로 평가한다. 김진은 한동훈을 정치적 불안 요소나 위험 요인이 없는 안정적인 리더로 묘사하며 동시에 허세, 무지, 비겁함, 거짓말과 같은 부정적인 속성에서 완전히 자유로운 인물로 본다. 이러한 특성 덕분에 그는 국민의힘의 미래를 밝히는 존재로 평가받고 있다. 김진의 분석은 한동훈을 당내에서 그저 무난한 선택으로만 보지 않는다. 그는 한동훈이 국민의힘이라는 정당을 넘어 대한민국 정치 전반에 새로운 활력과 변화를 가져올 수 있는 잠재력을 지녔다고 믿는다. 이는 그의 리더십이 당내 갈등을 무마하거나 현 상태를 유지하는 데 그치지 않고, 국가적 차원에서 국민들에게 신뢰와 안정감을 줄 가능성을 내포하고 있다는 뜻이다.

김진은 한동훈의 가장 두드러진 강점으로 허세가 없다는 점을 첫 번째로 꼽는다. 이는 그의 개인적인 성격을 넘어 정치적 리더로서의 중요한 자질로 평가된다. 김진은 윤석열 대통령의 사례를 대비하며 이 점을 더욱 부각시킨다. 윤 대통령의 경우 과도한 자신감이나 허세로 보일 수 있는 언행이 정치적 혼란과 갈등을 초래한 적이 있었다고 지적한다. 반면 한동훈은 현실적이고 실리적인 태도를 유지하며 위기 상황에서도 흔들리지 않는 침착함을 보여준다. 이는 단순한 겸손함을 넘어선 자질이다. 김진에 따르면, 한동훈의 이런 모습은 대통령이라는 중책을 맡았을 때 국민들에게 안정감과 신뢰를 줄 수 있는 리더십의 증거로 해석된다. 정치에서 허세는 불필요한 갈등을 유발하는 위험 요소로 작용할 수 있다. 예를 들어 과장된 약속이나 현실과 동떨어진 자신감은 국민의 기대를 부풀렸다가 결국 실망시키는 것으로 이어질 수 있다. 그러나 한동훈은 이런 위험에서 완전히 벗어나 있다. 그는 자신의 능력과 한계를 냉정하게 인식하고, 불필요한 과시 없이 실질적인 결과로 자신을 증명하려는 태도를 보인다. 김진은 이를 한동훈의 겸손함이 그저 미덕에 그치는 것이 아니라 대한민국을 이끌어갈 강력한 무기로 기능할 수 있다고 평가한다. 예를 들어 그가 당대표로서 보여준 조용하지만 단호한 행보는 당내 갈등을 조율하고 국민들에게 신뢰를 주는 데 큰 역할을 했다고 볼 수 있다. 이러한 특성은 정치인에게 흔히 요구되는 화려한 카리스마와는 다른 차분하면서도 깊이 있는 리더십을 보여준다.

한동훈은 무지와 거리가 먼 인물로도 김진에게서 높은 평가를 받는다. 김진은 특히 개혁 사태 당시 한동훈이 보여준 신속하고 정확한 대응을 예로 들며 그의 뛰어난 판단력을 극찬한다. 이는 단순히 이론적인 지식이나 책상 위에서 쌓은 학문적 소양에 그치는 것이 아니다. 한동훈의 지적 능력은 실전에서 빛을 발하는 실용적인 리더십으로 이어진다. 그는 법조인 출신으로서 오랜 시간 쌓아온 경험을 바탕으로 복잡한 정치적 위기 속에서도 냉철하게 상황을 분석하고 최적의 길을 찾아내는 능력을 갖추고 있다. 김진은 한동훈의 이런 특성을 강조하며 그가 머리로만 생각하는 지식인이 아니라, 행동으로 자신의 능력을 증명하는 리더라고 평가한다. 예를 들어 개혁 사태 당시 그는 혼란스러운 상황에서도 당내 구성원들을 신속히 결집시키고 국민들에게 명확한 메시지를 전달하며 위기를 관리했다. 이는 그의 인문학적 소양과 풍부한 지적 배경이 현실 문제 해결에 실질적으로 적용될 수 있음을 보여준다. 또한 이러한 실용적 리더십은 국민의힘이 직면한 다양한 도전 과제 ― 경제 위기, 외교 문제, 내부 갈등 ― 를 해결하는 데 큰 도움이 될 것으로 기대된다.

김진은 그가 똑똑한 정치인이면서도 실질적인 성과를 낼 수 있는 실행력 있는 리더라고 믿는다. 이와 같은 능력은 대통령이라는 자리에서 특히 중요하다. 국가적 위기 상황에서는 이론적인 논의만으로는 부족하며 신속하고 정확한 결단이 필요하기 때문이다. 한동훈은 이러한 요구를 충족할 수 있는 인물로 보이며, 이는 그의 차기 대선 후보로서의 경쟁력을 한층 높여준다. 김진은 한동훈의 또 다른 강점으로 비겁하지 않다는 점을 강조한다. 이는 정치인에게 필수적인 자질 중 하나로 특히 어려운 상황에서 책임을 회피하지 않고 정면으로 맞서는 태도를 의미한다. 김진은 이 같은 구체적인 예로 한동훈이 국회 내에서 개헌 반대 성명을 추진하고 의원 소집을 독려한 사례를 든다. 이 과정에서 한동훈은 당내 반발이나 외부의 압력에도 불구하고, 자신의 입장을 분명히 하며, 필요한 행동을 주저 없이 실행했다. 이는 그가 그저 상황을 회피하거나 타협으로만 문제를 해결하려는 리더가 아님을 보여준다.

윤석열 대통령과의 비교에서도 한동훈의 정치적 용기는 더욱 돋보인다. 김진은 윤 대통령이 특정 상황에서 강한 리더십을 발휘한 반면, 한동훈은 어떠한 상황이든 보다 일관되고 단호한 태도로 당과 국민을 이끌 수 있는 잠재력을 지녔다고 본다. 이러한 용기는 국민의힘이라는 정당을 단결시키고 당이 직면한 도전을 극복하는 데 핵심적인 역할을 한다. 예를 들어 당내 계파 갈등이나 정책 방향을 둘러싼 논쟁이 있을 때 한동훈은 중재자로서 물러서지 않고 명확한 입장을 제시하며 당을 하나로 묶는 모습을 보여줬다. 정치적 용기는 유권자에게도 강한 인상을 남긴다. 어려운 결정을 내릴 때 주저하지 않는 리더는 국민들에게 신뢰와 안정감을 줄 수 있다. 김진은 한동훈의 이런 특성이 차기 대선에서 그의 경쟁력을 크게 높여줄 것으로 전망한다. 대통령이 되었을 때 국가적 위기나 국제적 갈등 상황에서도 흔들리지 않고 국민을 이끌 수 있는 리더십을 기대할 수 있다는 점에서 그의 용기는 단순한 개인적 성격을 넘어 정치적 자산으로 기능한다.

마지막으로 한동훈은 거짓말로부터 자유롭다는 점에서 도덕적 우위를 점한다고 김진은 평가한다. 정치인에게 청렴함과 신뢰성은 무엇보다 중요한 덕목이다. 김진은 한동훈이 유시민 전 장관과의 소송에서 승소한 사례를 들어 그가 논란과 허위 주장을 극복하고 깨끗한 이미지를 유지해 왔다고 말한다. 이 사건은 한동훈이 자신의 명예를 지키기 위해 법적 대응을 마다하지 않았고, 결국 사실에 기반한 승리를 거둔 사례로 평가된다. 이는 그의 도덕적 신뢰성을 입증하는 중요한 증거로 작용한다. 정치에서 거짓말이나 부패는 유권자의 신뢰를 무너뜨리는 가장 큰 요인 중 하나다. 그러나 한동훈은 이러한 위험에서 벗어나 있으며 이는 그의 정치적 자산으로 이어진다. 김진은 한동훈의 청렴함이 개인적인 도덕성을 넘어 국민의힘의 지지 기반을 단단히 하는 데 기여한다고 분석한다. 예를 들어 그는 당대표로서 정책 결정이나 당 운영 과정에서 투명성을 유지하며, 불필요한 논란을 피하려는 노력을 보여준다. 이는 유권자들에게 그가 대통령이 되었을 때 깨끗하고 신뢰할 수 있는 국정 운영을 할 것이라는 기대를 심어준다.

김진 논설위원의 분석에 따르면, 한동훈은 국민과 당원과 지지자들이 함께 다듬고 키워낼 수 있는 무한한 잠재력을 지닌 인물이다. 그는 정치적 불안 요소 없이 안정감을 주면서도 강력한 리더십으로 당을 이끌고, 국가적 변화를 도모할 수 있는 능력을 갖췄다. 그의 리더십은 국민의힘에 새로운 활력을 불어넣고 대한민국 정치에 긍정적 변화를 가져올 것으로 기대된다. 그의 강점들은 차기 대선에서의 경쟁력을 넘어 장기적으로 국가에 긍정적인 영향을 미칠 수 있는 기반이 될 것이다.

진중권 교수가 바라보는 한동훈 현상

진중권 광운대 특임교수는 오랫동안 한동훈을 눈여겨보며 한동훈과 밀접하게 소통해 온 인물이다. 진중권한테 한동훈은 그냥 정치인이 아니라 한국 정치를 뒤바꿀 수 있는 탁월한 잠재력을 가진 인물이다. 진중권이 한동훈을 높이 평가하는 가장 큰 이유는 이 사람의 중도 확장성이다. 한동훈은 비상계엄을 비판하고, 계엄 해제 의결을 주도했으며, 심지어 윤석열 대통령 탄핵에도 찬성했다. 이건 보수 진영에서 흔히 볼 수 없는 행보다. 진중권은 이걸 보고 "한동훈은 보수에 갇히지 않고 중도층까지 끌어안을 수 있는 자산을 갖췄다"고 확신한다. 지금 강성 보수층에 너무 치우쳐서 외연 확장에 애먹고 있는 국민의힘의 상황을 생각하면, 한동훈의 이런 모습은 매우 파격적인 횡보다. 아마도 대선에서 이기려면 꼭 필요한 것이 바로 확장성일 것이다. 진중권은 한동훈이 이런 강점 덕에 여권 차기 대선 주자 '빅3'에 당당히 이름을 올릴 것으로 예상한다. 이건 현재 국민의힘 당내에서 지지 기반이 '있다, 없다'의 문제가 아니라, 전국적으로 지지 기반을 넓힐 수 있는 잠재력을 가졌느냐의 문제인 것이다.

그런데 한동훈 앞길이 마냥 순탄한 것만은 아니다. 당장 국민의힘 안에서 한동훈을 지지하는 의원이 별로 없다는 게 문제다. 게다가 일부 극우 유튜버들은 한동훈한테 '배신자' 딱지를 붙이고 계속 공격하고 있다. 진중권은 이 상황을 "어려운 싸움"이라고 표현한다. 특히 한동훈이 대선 경선을 뚫으려면 강성 보수층을 설득해야 하는데, 이게 쉽지 않은 숙제다. 이 때문에 당원들의 비난을 감수하면서도 끝까지 버티고 설득해야 한다고 진중권은 조언한다. 진중권은 한동훈이 이걸 해낼 수 있다고 보고있다. "만약 한동훈이 당내 판을 뒤집는 데 성공하면, 이 사람은 진짜 파괴력 있는 후보가 될 것"이라고 말한다.

진중권이 한동훈의 가치를 높이 평가하는 이유 중 하나는 세대교체다. 한동훈은 국민의힘 안에서 세대교체를 상징하는 인물로 꼽힌다. 진중권은 이걸 보고 "한동훈이 당에 변화를 가져올 수 있다, 낡은 이미지를 벗고 새 지지층을 끌어들일 수 있다"고 확신한다. 국민의힘이 지금 좀 올드한 이미지로 고착된 상황을 생각하면, 이건 엄청 중요한 포인트다. 게다가 한동훈이 내놓은 '격차 해소'라는 아젠다도 진중권의 마음을 사로잡았다. 이건 보수층만 아니라 진보 성향 유권자한테도 먹힐 수 있다는 비전이라고 판단한 것이다. 진중권은 "이 아젠다가 설득력 있다, 한동훈이 이걸로 중도층을 공략할 수 있다"며 엄지를 치켜세운다. 진중권은 한동훈이 보수 정치인을 넘어 더 넓은 스펙트럼을 아우를 수 있는 인물이라는 점에서 완전히 매료된 것이다.

진중권 교수가 TV CHOSUN의 '강적들' 프로그램에서 한동훈 대표에 대해 언급한 내용을 보면, 단순한 비판을 넘어 한동훈이 지금 처한 상황을 딛고 더 나은 리더로 성장하길 바라는 마음이 강하게 느껴진다. 한동훈에 대한 그의 언급에는 그의 잠재력을 믿고 그를 격려하려는 의도가 명확하게 드러난다.

진중권은 한동훈 대표가 당정 관계에서 좀 더 적극적으로 움직여야 한다고 조언한다. "두 사람을 이간질하며 정치하려는 사람들을 뚫고 원만한 역할 분담을 통해 당에 역할을 맡겨야 한다"는 말은 한동훈이 지금 복잡한 정치적 상황 속에서도 중심을 잡고 당을 제대로 이끌어야 한다는 주문이다. 이건 비판처럼 들릴 수 있지만, 사실 진중권이 한동훈에게 거는 기대가 크기 때문에 나온 말이다. 한동훈이 지금 상황에서 당과 정부 사이의 갈등을 조율하고, 당대표로서의 존재감을 더 확실히 보여줘야 한다는 것이다. 진중권은 한동훈이 이걸 해낼 수 있는 능력이 있다고 믿는

결국, 한동훈

다. 그러니까 이건 "너라면 할 수 있으니 더 잘 해내"라는 격려인 셈이다. 한동훈이 당내 갈등을 뚫고 중심을 잡는 모습을 보여준다면, 국민의힘 안에서 더 큰 리더로 성장할 거라는 진중권의 믿음이 담겨 있다.

당내 상황 인식에 대한 언급도 비슷한 맥락이다. "민심을 못 읽는 건 그렇다 쳐도 당심도 못 읽고 있다"는 말은 국민의힘 내부의 현실을 한동훈이 더 잘 파악하고 대응해야 한다는 지적이다. 그런데 진중권이 이걸 얘기하는 건 한동훈을 깎아내리려는 게 아니다. 한동훈이 더 큰 리더가 되려면, 당심과 민심을 동시에 잡아야 한다는 조언인 것이다. 진중권은 한동훈이 당내에서 자기 기반을 더 단단히 다지고, 당원들의 마음을 읽으면서도 국민 전체의 목소리를 놓치지 않는 리더가 되길 바란다. 이건 "너는 충분히 잘할 수 있으니 더 신경 써서 해내라"는 응원과도 같은 것이다. 진중권은 한동훈이 지금의 한계를 넘어 당과 국민 모두를 아우르는 리더로 성장하길 진심으로 기대하고 있다.

PART 2

철학과 비전:
한동훈의 정치적 자화상

6

인간 한동훈을 해부하다

"한동훈"이라는 이름은 최근 한국 정치와 사회에서 하나의 상징, 혹은 현상으로 자리 잡았다. 그는 검사로서의 명성, 법무부 장관으로서의 행정 능력, 국민의힘 비대위원장과 당대표로서의 탁월한 정치적 행보를 거치며, 지지자들에게는 뜨거운 찬사를, 그리고 정치적 반대파로부터는 억측과 비난의 중심에 있었다. "소통령", "황태자"라는 별칭으로 불리며 윤석열 정부 초기 권력의 핵심 인물로 떠올랐던 그는, 2024년 12월 윤석열 대통령 비상계엄과 탄핵 정국에서 "비윤(비윤석열)"의 상징으로 변모하며 당대표직을 내려놓았다. 이 극적인 전환은 한동훈이라는 인물이 일반적인 정치인을 넘어 한국 현대사의 한 페이지를 장식하는 복잡하고도 입체적인 인물임을 보여준다. 한동훈은 법과 정의를 수호하는 검사로서의 강직한 이미지와 정치인으로서의 모순적인 행보를 동시에 지닌 인물이다. 그는 문재인 정권 당시, 권력에 맞서며 정의를 실현하려 했고, 동시에 윤석열 정권에서는 권력의 정점에 있었다. 그의 삶은 갈등, 그리고 끊임없는 도전으로 점철되어 있으며, 이는 그가 한국 사회에서 차지하는 독특한 위치를 설명하는 열쇠가 된다. 이 장에서는 한동훈의 어린 시절부터 정치 입문에 이르기까지, 그의 인생을 단계별로 세밀히 분석하며 인간 한동훈의 다면적인 면모를 조명하고자 한다.

어린 시절과 성장: 춘천의 소년에서 서울의 엘리트로

한동훈은 1973년 4월 9일, 강원도 춘천에서 태어났다. 강원도의 조용한 지방 도시에서 시작된 그의 어린 시절은 소박했지만, 그의 인생은 곧 한국 사회의 중심인 서울로 옮겨가며 새로운 국면을 맞이한다. 서울 현대고등학교를 거쳐 서울대학교 법과대학에 입학하면서 그는 한국 사회에서 엘리트로 인정받는 전형적인 교육 과정을 밟기 시작했다. 1995년, 그는 제37회 사법시험에 합격하며 법조인의 길에 들어섰고, 사법연수원을 27기로 수료했다. 이후 미국 컬럼비아대학교 로스쿨에서 LLM(법학 석사) 과정을 이

수하고, 뉴욕주 변호사 자격을 취득하며 국제적인 시야까지 갖추었다. 이 모든 학문적 성취는 한동훈이 운에 의존한 인물이 아니라, 치밀한 준비와 끊임없는 노력으로 자신을 단련시킨 사람임을 보여준다. 그는 "세상은 원자와 빈 공간뿐, 나머지는 의견이다"라는 데모크리토스의 말을 인용하며, 냉철한 현실주의자로서의 면모를 드러냈다. 이 좌우명은 그가 좌절 속에서도 현실을 직시하고, 자신의 길을 개척하려는 태도를 상징한다. 한동훈의 인간적 면모는 바로 이 시점에서 싹트기 시작한다 ― 야망과 현실 사이에서 균형을 찾는 법을 터득한 젊은이의 모습이 여기 있다.

그의 성장 배경에서 주목할 만한 또 다른 요소는 그가 서울 강남 8학군 출신이라는 점이다. 강남 8학군은 한국에서 교육열과 엘리트 코스가 집중된 지역으로, 한동훈이 특권적 환경에서 자랐음을 암시한다. 이는 그의 성공이 개인적 노력뿐 아니라 사회적 자본의 뒷받침이 있었음을 시사하며, 이후 그의 행보를 비판하는 이들에게 공격 지점으로 활용되기도 했다. 그러나 한동훈은 이런 배경을 누리는 데 그치지 않고, 법과 정의를 바탕으로 한 공익을 실현하는 검사로서의 길을 선택함으로써 사회적 책임을 다하려는 의지를 보여주었다. 그의 어린 시절과 교육 과정은 단순한 학문적 성취 이상의 의미를 지닌다. 이는 한동훈이 어떻게 한국 사회의 엘리트 계층에서 출발해, 이후 검사와 정치인으로서의 독특한 경로를 개척했는지 이해하는 데 중요한 단서를 제공한다. 춘천에서 서울로, 그리고 해외 로스쿨 글로벌 무대로 확장된 그의 성장기는 한동훈이라는 인물의 야망과 능력이 어떻게 발휘되었는지를 보여준다. 그는 단순히 주어진 기회를 활용한 것이 아니라, 그 기회를 넘어서는 도전을 통해 자신을 증명하려 했다. 이러한 배경은 한동훈이 이후 검사로서, 그리고 정치인으로서 보여줄 강렬한 성격과 원칙주의의 토대가 되었다.

검사 시절:
권력에 맞선 '재계의 저승사자'

한동훈의 검사 경력은 그를 한국 법조계에서 단숨에 주목받는 인물로 부상하게 만들었다. 2001년 서울지방검찰청에서 시작된 그의 법조 인생은 곧 특수수사의 전설로 이어졌다. "재계의 저승사자", "조선제일검"이라는 별명은 그의 강렬한 수사 스타일과 타협 없는 태도를 상징적으로 표현한다. 그의 이름이 본격적으로 세상에 알려진 것은 2003년, SK그룹의 최태원 회장을 주식 부당거래 혐의로 구속기소하면서였다. 당시 SK그룹은 한국 재계의 거대 기업 중 하나였고, 이 사건은 한동훈이 권력과 자본에 굴하지 않는 검사임을 세상에 각인시켰다.

이어진 그의 행보는 더욱 두드러졌다. 2006년에는 현대자동차

그룹의 정몽구 회장이 연루된 1,380억 원 규모의 비자금 조성 사건을 파헤쳐 구속으로 이끌었다. 이 사건에서 한동훈은 복잡한 기업 범죄를 치밀하게 분석하고, 법의 잣대를 엄정히 적용하는 능력을 보여주었다. 2007년에는 전군표 국세청장을 뇌물수수 혐의로 법정에 세우며 공직 사회의 부패에도 칼을 겨눴다. 그의 수사 이력은 개별 사건의 성공을 넘어, 한국 사회에서 법 앞의 평등을 실현하려는 강한 의지를 드러낸다.

특히 2016년 최순실 국정농단 사건에서 한동훈은 다시 한번 자신의 존재감을 증명했다. 그는 이재용 삼성전자 부회장을 뇌물 공여 혐의로 구속기소하며, 재계의 정점에 있는 인물에게도 예외 없이 법을 적용할 수 있음을 보여주었다. 이 사건은 한동훈이 기술적인 수사관에 머무르지 않고, 권력구조를 흔들 수 있는 강력한 검사로 성장했음을 입증하는 결정적 순간이었다. 그의 수사 철학은 명료하면서도 단호했다. "세 줄로 설명할 수 있어야 한다. 이름과 기름기를 빼고 봐도 정당성이 있어야 한다"는 말은 그가 복잡한 사건을 단순화하고, 상식과 정의에 기반한 원칙을 고수했음을 나타낸다.

그러나 그의 검사 시절은 빛만 가득했던 것은 아니다. 2020년 이른바 "검언유착" 사건은 한동훈의 경력에 큰 그림자를 드리웠다. 채널A의 이동재 기자와의 관계를 둘러싼 의혹으로 그는 법무연수원 연구위원으로 좌천되었고, 이는 그의 검사로서의 명성에

심각한 타격을 입혔다. 검찰은 최종적으로 그를 무혐의로 판단했지만, 이 사건은 한동훈의 강직함이 때로는 논란과 오해를 불러일으킬 수 있는 양날의 검임을 보여주었다. 그는 이 시기를 "공직자가 권력에 찍혀 겪는 일도 월급에 포함된 것"이라며 담담히 받아들였다. 이 말속에는 고난 속에서도 꺾이지 않는 그의 신념과 고집이 깃들어 있다.

한동훈의 검사 시절을 돌아보면, 그의 정의에 대한 집념이 두드러진다. 그는 권력과 자본의 부패를 뿌리 뽑으려는 강한 의지를 보여주었고, 이는 많은 이들에게 영감을 주었다. 그러나 그의 수사 방식은 때로 지나치게 강경하다는 비판을 받았으며, 이는 그가 법의 경계를 넘나드는 위험을 감수했음을 암시한다. 예를 들어, SK그룹 사건에서 그는 기업의 경제적 영향력을 고려하지 않고 수사를 밀어붙였고, 이는 재계로부터 "경제에 해를 끼친다"는 비난을 불러일으켰다. 이러한 양면성은 한동훈이 정의를 추구하는 과정에서 때로는 실용성을 간과했다는 점을 보여주며, 이후 정치인으로서의 행보에서도 유사한 갈등으로 이어진다.

한동훈의 검사 시절은 단순히 법적 업적의 나열이 아니다. 이는 그가 한국 사회에서 법치주의와 정의를 실현하려는 이상주의자였는지, 아니면 권력과 대립하며 자신의 존재감을 키우려는 야심가였는지에 대한 논쟁의 시작점이기도 하다. 그의 행보는 분명 한국 법조계에 깊은 흔적을 남겼고, 이는 이후 정치 무대에서의 그의 선택에 중요한 배경으로 작용한다.

정치 입문:
법무부장관에서 당대표까지의 굴곡진 여정

2022년, 윤석열 대통령의 최측근으로 법무부장관에 임명되면서 한동훈은 본격적으로 사실상의 정치 무대에 발을 내디뎠다. 그의 등장은 즉시 파장을 일으켰다. "소통령", "황태자"라는 별칭이 붙을 만큼 그의 영향력은 정부 내에서 막강했고, 이는 그가 윤석열 대통령과 오랜 신뢰를 쌓아온 결과였다. 법무부장관 시절, 그는 이민청 설립을 추진하며 외국인 정책의 혁신을 꾀했고, 증권범죄합동수사단을 부활시켜 금융 범죄에 대한 강력한 대응을 약속했다. 또한 "검수완박"(검찰 수사권 완전 박탈) 법안에 맞서 헌법 재판소에 권한쟁의심판을 청구하며 검찰의 독립성을 지키려는 강한 의지를 드러냈다. 이러한 행보는 그의 개혁 의지와 실행력을 입증하며, 그를 단순한 법조인이 아닌 정치적 리더로 자리매김하게 했다.

그러나 그의 정치적 여정은 순탄치 않았다. 2023년 12월 말, 국민의힘 비상대책위원장으로 정계에 뛰어든 그는 곧바로 시험대에 올랐다. 2024년 4월 총선에서 국민의힘이 참패하면서 그는 책임을 지고 사퇴했다. "민심은 언제나 옳다. 모든 책임은 내게 있다"는 그의 발언은 정치인으로서의 무게와 성찰을 보여주었다. 그러나 불과 석 달 만에 그는 전당대회에서 당대표로 화려하게 복귀하며 정치판을 다시 뒤흔들었다. 이는 한동훈이 쉽게 포기하지 않는 인물임을, 그리고 그의 정치적 생명력이 여전히 강력함을 증명하는 순간이었다.

당대표로서의 한동훈은 민생 이슈에 집중했다. 그는 금융투자소득세 폐지를 추진하며 경제 활성화를 도모했고, 의정 갈등 중재에 나서며 사회적 갈등 해소에 힘썼다. 그러나 진정한 시련은 2024년 12월, 윤석열 대통령의 비상계엄 선포와 이를 둘러싼 탄핵 정국에서 찾아왔다. 한동훈은 "대통령의 비상계엄은 잘못된 것"이라며 즉각 반대 입장을 표명했고, 결국 탄핵 찬성으로 선회했다. 이 결정은 그를 윤석열 대통령의 동지에서 "비윤"의 상징으로 바꿔놓았다. 당내 친윤계의 강한 반발과 최고위원들의 연쇄 사퇴로 지도부가 붕괴되자, 그는 "더 이상 당대표로서 임무 수행이 불가능하다"며 자리에서 물러났다. 이 순간은 한동훈의 정치적 생애에서 가장 극적이고 박진감 넘치는 장면으로 기록되었다.

이와 같은 한동훈의 정치적 행보는 그의 강한 리더십과 결단력을 보여주지만, 그로 인하여 동시에 그 자신의 한계를 적나라하게 드러내기도 한다. 그는 윤석열 대통령과의 갈등을 통해 당내 분열을 초래했고, 이는 그의 리더십에 치명타를 입혔다는 평가를 받았다. 그러나 그의 선택은 단순한 권력 다툼이 아니라 원칙과 신념에 기반한 것이라는 점에서 세간의 일반적인 평가와 다른 평가가 필요하다는 견해도 상당수에 이른다. 예를 들어, 비상계엄 반대와 탄핵 찬성은 그의 법치주의에 대한 신념과 민심에 대한 존중을 반영한 결정으로 해석될 수 있다. 이는 한동훈이 정치인으로서의 정체성을 확립하려는 과정에서 겪은 성장통으로 볼 수 있으며, 그의 정치적 몰락은 오히려 그의 신념이 현실과 충돌한 결과로 이해할 수 있는 것이다.

법무부장관에서 당대표까지, 한동훈의 정치 여정은 짧지만 강렬했다. 그는 권력의 중심에서 개혁을 추진했지만, 그 과정에서 당내 갈등과 외부 비판에 직면했다. 그의 행보는 한국 정치에서 새로운 리더십의 가능성을 보여주었지만, 동시에 정치적 타협과 현실적 판단의 부족이 그의 발목을 잡았다. 한동훈의 정치 입문기는 그의 이상과 현실 사이의 갈등을 상징하며, 이후 그의 복귀 가능성을 둘러싼 논의에 중요한 맥락을 제공한다.

논란과 도전:
빛과 그림자의 공존

한동훈을 둘러싼 논란은 그의 강렬한 존재감을 증명하는 동시에, 그에 대한 다양한 의구심을 동시에 드러낸다. 여전히 한동훈을 공격하는 쪽에선 그의 불공정 이미지를 찾으려고 그의 주변을 들추려 했다. 이로써 불거진 논란이 한동훈 딸의 논문 대필 의혹이었다. 이 의혹이 불거지자 "부모 찬스"라는 비난이 쏟아졌고, 한동훈은 "연습용일 뿐 입시에 사용되지 않았다"고 해명하며 강하게 반박했다. 이 외에도 배우자의 위장전입과 편법 증여 의혹, 그리고 장인과 처남의 과거 행적과 관련된 이슈들은 한동훈을 비판의 도마 위에 올려 그의 법치주의에 대한 신념을 희석시키려는 시도가 이어졌다.

정치 무대에서의 논란도 만만치 않았다. 국민의힘 당원 게시판에서 그의 가족 이름으로 윤석열 대통령을 비판하는 글이 발견되며 음모론이 제기되었고, 나경원과 연관된 "패스트트랙 공소 취하 청탁" 의혹은 당내 갈등을 극도로 증폭시켰다. 김건희 여사의 "명품백 사과 문자"를 무시했다는 이른바 문자 읽씹 논란은 한동훈과 대통령실 사이의 균열을 공개적으로 드러냈다. 이 모든 사건은 한동훈이 권력의 중심에 서면서도 독자적인 행보를 고집했음을 보여주며, 그가 결코 윤석열의 그늘 아래 머무는 인물이 아님을 입증한다.

그의 발언 역시 논란의 불씨가 되곤 했다. 이재명 더불어민주당 대표의 단식에 대해 "잡범들도 이렇게 하지 않겠나"라고 한 발언은 거센 반발을 낳았고, 그는 "직접 그렇게 말한 적 없다"고 진화에 나섰지만, 이미 여론은 들끓은 뒤였다. 이처럼 한동훈의 직설적인 성격과 타협 없는 태도는 그의 강점이자 약점으로 작용했다. 그는 논란 속에서도 자신의 신념을 굽히지 않았지만, 이는 때로 그의 정치적 입지를 약화시키는 결과를 낳기도 했다.

한동훈의 논란은 결코 개인적 결함의 문제가 아니다. 이는 그가 권력과 대립하며 자신의 원칙을 지키려 했던 과정에서 필연적으로 발생한 갈등의 산물이다. 예를 들어, 채널A 이동재 기자와 관련된 "검언유착" 사건은 그의 강직함이 오해받을 수 있는 상황을 보여주었고, 딸 관련 논란은 공인으로서의 사생활과 공적 책임 사이의 갈등을 드러냈다. 그는 이러한 논란을 통해 자신의 정치적 정체성을 더욱 공고히 했으며, 이는 지지자들에게는 그의 진정성을, 비판자들에게는 그의 독선성을 부각시키는 계기가 되었다. 한동훈의 빛과 그림자는 이렇게 그의 행보 곳곳에서 공존하며, 그를 단순히 선하거나 악한 인물로 규정짓기 어렵게 만든다.

영향과 유산:
한동훈 현상의 본질과 미래

한동훈은 평범한 정치인이 아니라, 정의와 현실이 얽힌 복합적 인간이다. 검사 시절 권력에 맞선 강직함, 정치인으로서 민생을 챙기려는 노력, 그리고 탄핵 정국에서 보여준 원칙은 그의 강점을 상징한다.

그의 지지자들은 한동훈을 "정의의 사도"로 칭송한다. "그는 권력에 굴하지 않는 진짜 보수"라는 찬사는 그의 검사 시절과 정치적 결단을 높이 평가한 결과다. 반면 비판자들은 "권력 집중과 정치적 기회주의"를 지적하며, "소통령에서 비윤으로의 변신은 계산된 행보일 뿐"이라고 비난한다. 이런 양극화된 평가는 한동훈이 단순한 개인을 넘어 하나의 현상으로 자리 잡았음을 말해준다. 그는 한국 사회에서 법치와 정의, 권력과 민심의 관계를 둘러싼 논쟁의 중심에 서 있다.

2025년, 한동훈은 『한동훈의 선택-국민이 먼저입니다』라는 책을 출간하며 정치 복귀를 선언했다. "지난 두 달 동안 성찰의 시간을 가졌다. 머지않아 찾아뵙겠다"는 그의 말은 다음 행보를 예고하며 정치권을 다시 술렁이게 했다. 조기 대선이 다가오는 가운데, 그는 대선주자로서 지지를 회복할 수 있을까? 그의 정치적 유산은 아직 완성되지 않았으며, 이는 그의 미래 행보에 달려 있다.

한동훈의 영향력은 그의 정치적 활동을 넘어 한국 사회 전반에 걸쳐 나타난다. 그는 검사로서 법치주의를 강조하며 권력의 부패를 척결하려 했고, 정치인으로서도 이를 이어가려 했다. 그러나 그의 행보는 때로 법치주의를 넘어선 권력 남용으로 비치기도 했다. 예를 들어, 비상계엄 반대는 법치와 민주주의를 지키려는 의도로 해석될 수 있지만, 당내 분열을 초래한 점은 그의 리더십 한계로 비판받았다. 이는 한동훈이 법과 정치의 경계를 넘나드는 인물임을 보여주며, 그의 유산이 한국 정치의 미래에 어떤 영향을 미칠지에 대한 궁금증을 남긴다.

한동훈 현상은 결코 한 개인의 이야기가 아니다. 이는 한국 사회가 법과 정의, 권력과 민심 사이에서 어떤 균형을 찾아가야 하는지를 고민하게 만드는 거대한 질문의 일부다. 그의 행보는 한국 정치의 새로운 국면을 열었고, 앞으로의 정치적 변화에 중요한 단서를 제공할 것이다.

한동훈, 패러독스과 신념의 초상

한동훈은 패러독스로 가득한 인간이다. 그는 정의를 외치며 권력과 싸웠지만, 그 권력의 정점에서 "소통령"의 위치에 자리했다. 윤석열의 20여 년의 동지로 시작했지만, 결국 윤석열의 비상계엄을 반대했고, 막았으며 윤석열 탄핵에 찬성했다. 정치적 논란에 휩싸여도 굴하지 않는 고집은 그의 강점이자 약점이다. "국민만 생각했다"는 그의 말을 100% 믿는 사람들도 있고, 그 말이 과연 진심일까, 아니면 정치적 수사에 불과할까? 라며 의구심을 자아내는 사람들도 여전히 많다.

그를 해부하며 우리는 한 가지 진실을 마주한다. 한동훈 스스로 이야기했듯이 한동훈은 완벽하지 않으며, 여전히 진행형이다. 그는 야망과 신념, 빛과 그림자가 뒤섞인 복잡한 존재다. 그의 이야기는 아직 끝나지 않았으며, 앞으로의 행보가 그의 진짜 모습을 결정할 것이다. 한동훈을 이해하는 것은 오늘날 한국 정치의 혼란과 가능성을 이해하는 첫걸음일 수 있다. 한동훈 현상은 그렇게 우리 앞에 계속된다.

한동훈은 한국 정치의 새로운 상징으로 떠올랐다. 그는 법과 정의를 수호하는 검사에서 정치인으로 변신하며 사회 변화를 이끌려 했지만, 그 과정에서 수많은 갈등과 논란을 낳았다. 그의 행보는 인간적 한계를 드러내면서도, 법과 정치, 정의와 권력의 관계에 대한 깊은 성찰을 요구한다. 한동훈 현상은 한국 사회가 나아갈 방향을 고민하게 만드는 거대한 서사의 시작이다.

7

한동훈이 바라보는
AI, AX 현상

한동훈이 만들어 갈 대한민국의 AI와 AX 거버넌스는 국가의
경제, 사회, 산업 전반을 재편하는 거대한 청사진이다. 그는 AI가
대한민국의 미래를 결정하는 핵심 동력임을 인식하고, 이를 성공
적으로 이끌기 위해 규제 완화와 전력 인프라 구축을 최우선 과
제로 삼는다. 이러한 비전은 기술 혁신과 사회적 포용성을 동시
에 추구하며, 글로벌 AI 패권 경쟁에서 대한민국을 선도국으로
자리 잡게 하는 데 목표를 둔다. 이 글에서는 한동훈의 리더십
아래 대한민국이 어떻게 AI와 AX를 위한 거버넌스를 구축할지,
구체적인 전략과 실행 방안을 중심으로 논의한다.

한동훈의 AI와 AX 비전: 국가 생존의 열쇠

한동훈은 AI와 AX를 국가 생존의 문제로 본다. 그는 "우리가 다른 것보다 늦지 않게 AX 혁명, AI 시대에 숟가락을 얹어야 한다. 그러면 우리는 산다"고 말하며, AI를 산업혁명에 비견한다. 그의 비전은 대한민국이 글로벌 AI 패권 경쟁에서 뒤처지지 않고 선도국으로 도약하는 데 초점이 맞춰져 있다. AI는 경제, 사회, 산업 전반을 재편하는 동력이고, AX는 이를 통해 조직과 사회 시스템을 근본적으로 바꾸는 과정이다. 한동훈은 이런 변혁이 국민 삶의 질을 높이고, 국가 경쟁력을 강화하는 데 필수적이라고 본다. 예를 들어, AI가 의료에서 질병을 조기에 진단하고, 교육에서 맞춤형 학습을 제공하면 개인의 삶이 나아진다. 산업에서는 스마트 팩토리로 생산성을 높이고, 공공부문에서는 데이터 기반 정책으로 효율성을 극대화한다. 그는 이런 변화를 가속화하기 위해 민간 주도의 혁신, 정부의 지원 역할, 실질적 인프라 구축을 핵심축으로 삼는다.

한동훈은 혁신과 발전은 민간이 주도해야 한다고 강하게 믿는다. 그는 정부가 AI 전문가인 척하거나 홍보에 치중하는 것을 경계한다. 정부의 역할은 민간이 자유롭게 활동할 수 있는 환경을 조성하고, 필요한 지원을 제공하는 데 있다. 이를 위해 민간 기업에 대한 세제 혜택과 연구비 지원확대를 강조한다. 예를 들어, 삼성전자나 네이버 같은 대기업이 AI 기술 개발에 투자하면 세금 감면을 제공하고, 중소기업이 AI 솔루션을 도입하면 자금 지원과 컨설팅을 제공하고, 스타트업에는 초기 자본과 기술 이전을 지원해 빠르게 성장할 수 있는 발판을 만들 수 있다. 대기업과 스타트업이 협력해 AI 생태계를 키우고, 정부는 이를 뒷받침한다. 네이버가 개발한 AI 기술을 중소기업이 활용해 새로운 서비스를 만들면 시장이 커진다. 정부는 이런 협력을 촉진하기 위해 플랫폼을 제공하고, 협업 프로젝트에 자금을 지원한다. 한동훈은 민간 주도의 혁신이야말로 지속 가능한 성장의 열쇠라고 본다.

그는 AI와 AX 성공을 위해 정부가 가장 먼저 해야 할 일이 법과 규제를 트렌드에 맞게, 미래지향적으로 바꾸는 것이라고 강조한다. 현재 대한민국의 규제는 AI 개발과 활용에 걸림돌이다. 개인정보 보호법이 지나치게 엄격해 데이터 활용이 어렵고, 자율주행차나 AI 의료기술 같은 신기술 실험이 규제에 막힌다. 그는 이런 규제를 과감히 줄여야 한다고 주장한다. 공공 데이터를 익명화해 민간 기업과 연구기관이 자유롭게 활용할 수 있게 하고, 교통, 의료, 기상 데이터를 국가 데이터 플랫폼에 통합하고, API를 통해 누구나 접근 가능하게 하며, 데이터 활용과 프라이버시 보호의 균형을 맞추는 새로운 법 제도를 제안한다. 데이터 사용 목적과 범위를 명확히 규정하고, 이를 위반하는 기업에는 엄격한 페널티를 부과한다. 또한, 규제샌드박스를 확대해 특정 지역이나 산업에서 규제를 유예하고, AI 기반 실험을 자유롭게 할 수 있는 환경을 만든다. 자율주행차 테스트를 위해 특정 도시에서 도로교통법 규제를 완화하거나, AI 의료기기 승인을 간소화한다. 이런 실험에서 성공 사례가 나오면 전국적으로 확대 적용한다. 한동훈은 규제 완화가 국민 삶의 질을 높이는 데 목적이 있다고 본다.

전력 인프라와 공공부문의 활용:
AI 시대의 물리적·사회적 기반

한동훈은 AI와 AX가 성공하려면 전력 인프라가 필수적이라고 강조한다. AI는 방대한 데이터를 처리하고 학습하는 데 엄청난 전력을 소모한다. 딥러닝 모델 하나를 학습시키는 데 소형 도시 하루 전력량이 필요할 정도. 그는 원자력발전과 전력망 확대를 통해 안정적이고 저렴한 전력을 공급해야 한다고 주장한다. 그래서 RE100(재생에너지 100%) 캠페인이 비현실적이라고 보고, 이를 폐기하자고 제안한다. 재생에너지만으로 AI 산업의 전력 수요를 감당하기 어렵다고 본 것이다. 대신 원자력발전을 중심으로 전력 공급 체계를 재편하여 소형 모듈 원자로SMR 같은 차세대 원자력 기술을 도입해 안정적 전력을 확보한다. 경기도에 대규모 AI 데이터센터를 세운다면 인근에 원자력 발전소를 연계해 전력을 직접 공급한다. 이런 방식은 전력 비용을 낮추고, AI 산업의 전력 부담을 덜어준다. 전력망을 확대하고 스마트 그리드 시스템을 전국적으로 도입한다. AI와 연계된 스마트 그리드는 전력 수요와 공급을 실시간으로 조정해 낭비를 줄인다. AI가 전력 사용 패턴을 분석해 낮 시간대 전력을 데이터센터에 우선 공급하고, 밤에는 다른 용도로 활용한다. 한동훈은 스마트 그리드 구축에 민간 기업과 정부가 협력하도록 유도하고, 관련 기술 개발에 투자를 아끼지 않아야 한다고 주장한다.

전력 인프라 구축은 지역 경제 활성화에도 기여한다. 데이터센터와 발전소가 지방에 들어서면 일자리가 늘어나고, 지역 간 경제 격차가 줄어든다. 강원도에 원자력발전과 데이터센터를 연계한 산업 단지를 조성하면 지역 주민이 관련 일자리에 참여하고, AI 기술도 발전한다. 한동훈은 이런 선순환 구조를 통해 전력 인프라가 기술적 기반을 넘어 사회적 혁신의 토대가 되도록 하고, 공공부문에서 AI 활용촉진을 적극 주장한다. 국민의힘 비대위원장으로서 그는 '공공부문 초거대 AI 활용 추진 현장간담회'를 개최하며, 정부가 초거대 AI를 구현하는 데 앞장서야 한다고 강조한 바 있다.

공공부문에서 AI를 잘 활용하면 국민 삶의 질이 올라간다. 의료에서 AI를 활용해 질병을 조기에 진단하고, 병원 시스템을 통합한다. AI가 엑스레이를 분석해 폐렴을 잡아내면 의사가 더 빠르게 치료를 시작한다. 교통에서는 자율주행차와 AI 신호 체계로 혼잡을 줄인다. 도시 데이터로 차량 흐름을 조정하면 출근 시간이 단축된다. 교육에서는 AI가 학생 맞춤 학습을 제공해 격차를 줄인다. 공공 데이터 플랫폼을 통해 이런 서비스를 국민에게 제공할 수 있다.

한동훈은 공공부문 AI 활용이 단순히 효율성을 높이는 데 그치지 않고, 국민 신뢰를 얻는 데도 중요하다고 본다. 그래서 데이터를 투명하게 관리하고, AI 결정 과정을 공개해야하며, 예를 들어 AI가 교통 신호를 조정할 때 어떤 데이터로 판단했는지 공개하면 국민이 이해하고 신뢰하게된다. 이런 투명성은 공공부문 AI 활용의 성공 열쇠다. 그는 AI와 AX 성공이 데이터에 좌우한다고 본다. 데이터는 AI의 연료다. 질 좋고 풍부한 데이터가 없으면 AI 모델은 제대로 작동하지 않는다. 그러므로 공공 데이터를 민간에 개방하고, 데이터 공유를 활성화한다. 또한 국가 데이터 플랫폼을 구축해 교통, 의료, 기상 데이터를 통합 관리한다. 여기에 중소기업과 스타트업이 대기업처럼 데이터를 활용할 수 있게 하면 그들 간의 기술 격차가 줄어든다. 동시에 프라이버시 보호를 강화하여 데이터 익명화 기술과 블록체인 기반 데이터 추적 시스템을 도입해 개인정보 유출을 막는다. 병원 데이터를 AI로 분석할 때 환자 이름과 주민번호를 제거하고, 데이터 사용 기록을 블록체인에 저장한다.

국유화 반대와 윤리 기반 거버넌스: 민간 자율성과 공정성의 조화

한동훈은 이재명 대표의 '한국판 엔비디아' 30% 국유화 제안에 대해 강하게 반대한다. 그는 이를 "남미 독재정권이 국유화하던 그림"이라고 비판하며, 국유화가 혁신을 저해한다고 본다. AI 산업은 민간의 창의성과 경쟁이 핵심이다. 정부가 지분을 강제로 취득하거나 과도하게 간섭하면 기업의 자율성이 떨어지고, 글로벌 경쟁에서 뒤처진다. 그는 민간 기업이 자유롭게 성장할 수 있는 환경을 만드는 데 집중한다. 삼성전자가 AI 칩 시장에서 엔비디아와 경쟁하려면 정부가 규제를 줄이고, 기술 개발을 지원해야 한다. 그러므로 국유화 대신 세제 혜택, 연구비 지원, 글로벌 시장 진출 지원 같은 정책으로 민간 기업을 키운다. 한동훈은 민간 주도의 시장 경제가 AI와 AX 성공의 기반이라고 믿는다.

윤리와 사회적 책임도 중요한 축이다. 한동훈은 AI 윤리 가이드라인과 사회적 책임을 강조한다. AI가 편향된 데이터로 결정을 내리면 불공정이 생긴다. 채용 AI가 성별이나 지역을 기준으로 지원자를 걸러내면 차별이 심해진다. 그는 이런 문제를 해결하기 위해 국가 차원의 윤리 기준을 제시한다. AI 윤리 위원회를 설립해 기술 개발과 사용을 감독하는 것이다. 이 위원회는 기술자, 법률가, 시민단체로 구성돼 공정성을 보장한다. AI 알고리즘이 편향을 보이면 개발 기업에 수정 명령을 내리고, 위반 시 제재를 가한다. 국민 참여도 유도한다. AI 정책 결정 과정에 시민 의견을 반영해 투명성을 높인다. 이런 거버넌스는 AI에 대한 국민 신뢰를 높이고, 기술 수용성을 키운다.

사회 안전망도 강조한다. AI로 일자리가 줄어들면 저숙련 노동자가 타격을 받는다. 한동훈은 직업 재교육 프로그램과 실업 지원 제도확대를 주장한다. 공장 노동자가 AI 시스템 관리자로 전직할 수 있도록 기술 훈련과 자격증 과정을 제공한다. 복지 체계도 보완한다. 기본소득이나 고용 보험을 강화해 기술 실업의 충격을 줄인다. 이런 정책은 AI와 AX가 사회적 갈등으로 이어지지 않게 한다. 데이터 거버넌스도 필수다. 그는 데이터 주권을 강화한다. 글로벌 AI 패권 경쟁에서 데이터는 국가 자산이다. 외국 기업이 한국 데이터를 무단으로 수집하거나 활용하면 안보 위협이 된다. 따라서 데이터 국외 유출을 엄격히 관리하고, 국내 기업이 데이터를 안전하게 활용할 수 있는 환경을 만든다. 아울러 클라우드 서비스를 국내 데이터센터에 의무적으로 두게 하고, 해외 기업의 데이터 접근을 제한한다. 이런 정책은 국내 AI 산업의 자립성을 높이고, 글로벌 경쟁에서 보호막이 된다.

인재 양성과 국제 협력:
글로벌 리더십으로의 도약

한동훈은 AI와 AX를 이끌 핵심이 사람이라고 본다. 현재 대한민국은 인재 부족과 해외 유출 문제를 안고 있다. 그는 교육 체계 개혁으로 인재를 키우고, 또한 산업 생태계 조성을 강조한다. 이를 위해 초등학교부터 코딩과 데이터 분석 교육을 필수로 도입한다. 중고등학교에서는 AI 원리와 윤리를 가르친다. 대학에는 AI 전공과 연구소를 대폭 늘린다. KAIST와 서울대에 AI 연구소를 추가로 세우고, 글로벌 수준의 교수진을 초빙한다. 해외 유학파를 끌어들이기 위해 연구비 지원과 세금 혜택도 제공한다. 그리고 민간과 정부의 협력을 강화한다. 이어서 대기업과 스타트업이 협력해 AI 생태계를 키운다. 정부는 세제 혜택과 연구비 지원으로 이를 촉진한다. 중소기업의 AX 지원도 필수다. 정부가 클라우드 기반 AI 플랫폼을 저렴하게 제공하고, 컨설팅 팀을 파견한다. 소규모 제조업체가 AI로 생산 공정을 최적화하면 비용이 줄어들고 경쟁력이 올라갈 것이다.

글로벌 AI 패권 경쟁에서 대한민국이 살아남으려면 국제 협력이 필수라고 본다. 한동훈은 미국과 기술 동맹을 강화하고, 유럽과 윤리와 데이터 규제를 논의한다. 글로벌 AI 표준 제정에 적극 참여한다. 자율주행차 데이터 규격이나 AI 윤리 기준을 국제 표준으로 만들면 한국 기업이 시장에서 유리해진다. 국제기구와 협력해 기후 변화 대응에도 AI를 활용한다. AI로 온실가스 배출을 예측하고, 재생에너지 효율을 높이는 기술을 개도국에 공유하면 대한민국의 위상이 올라간다. 또한 글로벌 인재 유치를 위해 문호를 개방한다. 해외 AI 전문가를 국내로 초빙하고, 외국 기업의 한국 진출을 유도하는 것이다. 예컨대 구글의 AI 연구소를 한국에 유치하면, 당연히 기술 교류가 활발해진다. 이런 협력은 대한민국을 글로벌 AI 허브로 만드는 계기가 될 것이다.

한동훈의 AI와 AX 거버넌스는 민간 주도의 혁신, 규제 완화, 전력 인프라 구축, 공공부문 AI 활용, 데이터 관리와 윤리, 인재 양성, 국제 협력을 아우른다. 그는 AI를 국가 생존의 문제로 보고, 정부가 민간을 지원하며 혁신을 가속화해야 한다고 믿는다. 다만, 국유화 같은 과도한 간섭은 배제하고, 시장 경제의 원칙을 지킨다. 이런 거버넌스는 대한민국을 AI 강국으로 올리고, 국민 삶의 질을 높인다. 스마트 시티로 교통과 에너지를 최적화하고, AI 헬스케어로 건강을 지키며, 자율주행차로 안전을 높인다. AI와 AX가 성공하려면 국민의 신뢰와 참여가 필수이다. 한동훈은 기술과 인간이 조화를 이루는 미래를 꿈꾼다. 그의 비전은 단순한 경제 성장이 아니라, 지속 가능하고 포용적인 사회를 향한다. AI와 AX는 그 여정의 시작점이다.

8

한동훈과 윤석열, 다윗과 사울

권력의 시작과 갈등의 씨앗

구약 성경책 사무엘서에서 사울은 이스라엘의 첫 왕으로 백성들의 선택을 받았다. 그는 키가 크고 잘생긴 외모에 강한 카리스마까지 갖춘, 겉보기엔 완벽한 왕의 모습이었다. 백성들은 "이런 사람이 우리를 이끌어야 해!"라며 환호했다. 하나님도 사울을 선택해 기름을 부었고, 처음엔 모든 게 순조로워 보였다. 사울은 초기에 나할의 아말렉과의 전투에서 승리를 거두며 백성들의 신뢰를 얻었다. 그는 백성들 앞에서 겸손한 척하며 "내가 왕이 될 자격이 있나?"라며 고개를 숙이기도 했다. 하지만 그건 겉모습일 뿐이었다. 사울의 내면엔 불안과 자기중심적인 욕망이 똬리를 틀고 있었다. 그는 하나님의 명령을 어기고 제사를 멋대로 드렸고, 아말렉과의 전투에서 하나님의 지시를 따르지 않아 점점 은총에서 멀어졌다. 사무엘 선지자는 사울에게 "네가 하나님의 말씀을 저버렸으니, 하나님도 너를 왕으로 버리셨다"며 경고했다. 사울은 그 말을 듣고 겉으론 회개하는 척했지만, 속으론 자신의 권력을 지키는 데만 몰두했다.

그러던 중 다윗이 등장한다. 베들레헴의 양치기 목동에 불과했던 다윗은 골리앗을 물리치며 단숨에 영웅이 됐다. 골리앗은 블레셋의 거대한 전사로, 이스라엘 백성들을 공포에 떨게 했다. 사울의 군대는 골리앗 앞에서 꼼짝도 못 했다. 그런데 다윗은 어린 나이에, 그것도 무기라곤 물맷돌과 물매뿐인 상태로 골리앗 앞에 나섰다. 그는 "너는 칼과 창으로 나오지만, 나는 만군의 하나님 이름으로 나온다"며 당당히 외쳤다. 물맷돌 하나로 골리앗을 쓰러뜨린 다윗은 순식간에 백성들의 영웅이 됐다. 백성들이 "사울이 죽인 자는 천천이요, 다윗이 죽인 자는 만만이로다"라며 노래를 부르자, 사울의 질투는 하늘을 찔렀다. 자기보다 더 큰 인기를 얻는 다윗을 보며, 그는 잠도 못 자고 속을 태웠다. 사울은 다윗을 곁에 두고 싶으면서도, 동시에 그를 제거하고 싶은 이중적인 마음을 품었다.

다윗은 처음엔 사울의 총애를 받았다. 그는 사울의 궁에서 수금을 타며 사울의 우울한 마음을 달랬다. 사울은 악령에 시달릴 때마다 다윗의 수금 소리를 들으며 위안을 얻었다. 사울은 다윗을 군대의 장군으로 임명하고 딸 미갈을 아내로 주며 가까이 뒀다. 하지만 그건 다윗을 통제하려는 의도였다. 사울은 다윗의 인기가 커질수록 점점 더 불안해졌다. 백성들의 노래가 사울의 귀에 맴돌 때마다 그의 질투는 더 커졌다. 다윗은 그런 사울의 마음을 눈치채고도 충성을 다했다. 그는 사울의 명령을 따르며 블레셋과의 전투에서 승리를 거듭했다. 하지만 그럴수록 사울의 마음은 더 뒤틀렸다. 사울은 다윗을 가까이 두고 싶었지만, 동시에 그를 제거해야 한다는 강박에 시달렸다. 이 갈등의 씨앗은 점점 더 큰 나무로 자라나 두 사람의 관계를 흔들기 시작했다.

다윗의 인기가 높아질수록 사울의 불안은 더 깊어졌다. 그는 다윗을 블레셋과의 전투에 내보내며 위험한 임무를 맡겼다. "다윗이 전장에서 죽으면 좋겠군!" 그런 생각이 사울의 머릿속을 떠나지 않았다. 하지만 다윗은 번번이 승리를 거두며 더 큰 명성을 얻었다. 백성들은 다윗을 더 사랑하게 됐고, 사울의 질투는 극에 달했다. 사울은 다윗을 가까이 두고 감시하면서도, 그를 제거할 기회를 노렸다. 이런 상황에서 다윗은 사울의 아들 요나단과 깊은 우정을 쌓았다. 요나단은 다윗의 진심을 알아보고 그를 보호하려 했다. 요나단은 아버지 사울에게 "다윗은 왕을 위해 충성을 다하고 있지 않소?"라며 다윗을 변호했다. 하지만 사울의 마음은 이미 질투와 불안으로 얼룩져 있었다.

현대 한국으로 무대를 옮기면, 검찰총장 출신 윤석열이 대통령에 당선되며 권력의 정점에 올랐다. 그는 검사로서의 오랜 경력을 바탕으로 "강직한 리더"라는 이미지를 내세웠다. 국민들은 그의 결단력과 "사람에게 충성하지 않는다"라는 소신을 기대하며 표를 던졌다. 윤석열 정부 초창기엔 그를 둘러싼 기대감이 하늘을 찔렀다. 그는 취임사에서 "공정과 정의를 바로 세우겠다"며 강한 메시지를 던졌다. 국민들은 그의 말에 박수를 보냈다. 윤석열은 검사로서의 경험을 살려 초기엔 몇 가지 강력한 정책을 추진했다. 예를 들어 그는 검찰 수사권 강화를 통해 부패와의 전쟁을 선포했다. 하지만 그의 방식은 곧 한계에 부딪혔다. 정치적 경험 부족으로 인해 그는 복잡한 국정 운영에서 자주 실수를 저질렀다. 경제 정책은 방향을 잃었고, 외교 무대에서도 여러 논란을 낳았다. 윤석열의 내면엔 정치 초보로서의 불안이 자리 잡고 있었다. 그는 검사로서의 경험은 풍부했지만, 정치라는 복잡한 판에서 어떻게 권력을 유지해야 할지 몰랐다.

　　그런 윤석열 곁엔 한동훈이라는 인물이 있었다. 한동훈은 윤석열과 20년이 넘도록 함께했던 충실한 후배이자 동지였다. 윤석열의 부름으로 법무부장관으로 임명된 한동훈은 날카로운 언변과 정책 추진력으로 점점 주목받기 시작했다. 처음엔 윤석열의 오른팔로 여겨졌다. 한동훈 장관은 윤석열의 지시에 따라 검찰 개혁과 공정 수사라는 명목 아래 여러 정책을 추진했다. 그는 기자회견에서 단호한 태도로 국민들에게 자신의 비전을 설명했다. 그 모습이 국민들에게 신선하게 다가갔다. 한동훈은 윤석열의 지시를 따르는 데 그치지 않았다. 그는 자신의 스타일대로 정책을 추진하며 독자적인 행보를 보이기 시작했다. 예를 들어 그는 검찰 수사권 조정과 관련해 윤석열과는 다른 방향을 제시했다. 윤석열은 검찰의 권한을 최대한 강화하려 했지만, 한동훈은 국민들의 신뢰를 얻기 위해 보다 균형 잡힌 접근을 시도했다.

시간이 지나면서 한동훈의 독자적인 행보가 눈에 띄기 시작했다. 그는 윤석열과는 다른 목소리를 내기 시작했고, 국민들 사이에서 "윤석열보다, 한동훈이 더 낫지 않나?"라는 말이 슬슬 나돌았다. 한동훈은 기자회견에서 윤석열의 정책에 대해 미묘하게 거리를 두는 발언을 하곤 했다. 예를 들어 윤석열이 강경하게 밀어붙인 특정 정책에 대해 한동훈은 "국민들의 의견을 더 들어봐야 한다"며 한발 물러서는 태도를 보였다. 이런 태도는 국민들에게 신선하게 다가갔다. 윤석열은 겉으론 웃으며 "눈에 넣어도 아프지 않은 한동훈"이라며 한동훈 장관을 치켜세웠지만, 속으론 불편한 기색이 역력했다. 그는 한동훈의 행보를 보면서 점점 더 불안해졌다. "이 녀석이 나를 넘보려는 건가?"라는 의심이 그의 머릿속을 떠나지 않았다.

윤석열은 한동훈을 법무부장관으로 임명하며 곁에 뒀다. 하지만 그건 한동훈을 자신의 그늘 아래 두려는 의도였다. 윤석열은 한동훈이 너무 독자적으로 움직이지 않길 바랐다. 그러나 한동훈은 그 그늘에서 벗어나 점점 더 큰 그림자를 드리우기 시작했다. 그는 윤석열의 정책에 반대하거나 비판하지는 않았지만, 자신의 방식대로 일을 처리했다. 예를 들어 한동훈은 법무부장관으로서 국민들과의 소통을 강화했다. 그는 SNS를 통해 자신의 정책을 설명하고, 국민들의 목소리를 직접 듣는 시간을 가졌다. 이런 모습은 윤석열과는 전혀 다른 리더십이었다. 한동훈이 국민들과 가까워질수록 윤석열은 점점 더 고립되며 국민들과의 거리가 멀어졌다. 그의 주변엔 진심 어린 조언을 해주는 사람이 점점 줄어들었다. 반면 한동훈은 다양한 사람들과 협력하며 자신의 정치적 기반을 넓혔다.

　사울과 다윗의 갈등은 단순한 권력 다툼이 아니었다. 사울은 하나님의 선택을 받은 왕이었지만, 그러한 특별한 하나님의 사랑과 선택을 유지해 가지 못했다. 그는 자신의 불안과 질투에 사로잡혀 점점 더 잘못된 결정을 내렸다. 반면 다윗은 하나님의 마음에 합한 자로 불리며 점점 더 빛을 발했다. 윤석열과 한동훈의 관계도 비슷한 맥락에서 바라볼 수 있다. 윤석열은 대통령으로서 권력을 쥐었지만, 그 권력을 유지하는 데 어려움을 겪었다. 특히, 정치력의 부족과 아내 김건희의 각종 리스크가 겹쳐지면서 국민들의 신뢰를 잃어갔다. 반면 한동훈은 차분히 자신의 기반을 다지며 국민들 사이에서 신뢰를 쌓았다. 또한 법무부장관으로서 개혁안을 추진하거나, 국민들과 소통하는 리더십을 보여줬다. 윤석열과 상반된 리더십을 보인 것이다. 그리하여 권력의 정점에 선 자와 그 곁에서 발광체로서 자신만의 밝은 빛을 발하는 자, 두 사람의 관계는 이렇게 갈등의 씨앗을 품고 점점 더 깊은 균열 속으로 빠져들었다.

갈등의 심화와 충돌의 순간들

사무엘서에서 사울의 질투는 점점 더 위험한 행동으로 이어졌다. 어느 날 다윗이 수금을 타며 사울을 위로하고 있을 때, 사울은 갑자기 창을 들어 다윗을 찌르려 했다. 다윗은 재빨리 몸을 피하며 목숨을 구했다. 사울은 그걸로 멈추지 않았다. 그는 다윗을 블레셋과의 전투에 내보내며 위험한 임무를 맡겼다. "다윗이 전장에서 죽으면 좋겠군"이라는 생각이 사울의 머릿속을 떠나지 않았다. 하지만 다윗은 번번이 승리를 거두며 더 큰 명성을 얻었다. 백성들은 다윗을 더 사랑하게 됐고, 사울의 질투는 극에 달했다. 결국 다윗은 사울의 살해 위협을 피해 도망쳤다. 그는 광야로, 동굴로 숨어들며 목숨을 부지했다. 사울은 다윗을 잡기 위해 군대를 동원했다. 심지어 다윗을 도운 제사장들을 학살하며 광기 어린 행동을 보였다.

다윗은 이런 상황에서도 사울을 직접 공격하지 않았다. 그는 사울이 자신을 쫓아왔을 때도 그를 해치지 않았다. 오히려 사울이 잠든 틈에 그의 창과 물병을 훔쳐가며 "나는 왕을 해칠 생각이 없다"는 걸 보여줬다. 다윗은 동굴에서 사울을 살려준 후 멀리서 외쳤다. "내가 왕을 해칠 기회가 있었지만 그러지 않았소. 나는 하나님의 기름 부음을 받은 왕을 해치지 않을 것이오!" 사울은 그 말을 듣고 잠시 감동받은 듯 눈물을 흘렸다. 그는 "네가 나보다 의롭구나"라며 다윗을 인정하는 듯했다. 하지만 사울의 질투는 끝내 사라지지 않았다. 그의 마음은 여전히 불안과 의심으로 가득 차 있었다.

다윗은 사울의 공격을 피하면서도 충성을 다했다. 그는 사울의 아들 요나단과 깊은 우정을 쌓으며 사울 가문에 대한 애정을 유지했다. 요나단은 다윗을 보호하기 위해 아버지 사울과 맞서기도 했다. 요나단은 다윗에게 "네가 언젠가 왕이 될 것이니, 나와 내 가문을 잊지 말아 줘"라며 언약을 맺었다. 다윗은 그 약속을 지키겠다고 맹세했다. 이런 다윗의 태도는 백성들의 마음을 움직였다. 사울이 점점 더 폭군으로 변해가는 동안, 다윗은 정의롭고 겸손한 리더로 인식됐다. 다윗은 광야에서 도망자 생활을 하면서도 자신의 군대를 조직했다. 그는 자신을 따르는 사람들을 이끌며 블레셋과 싸웠고, 약한 자들을 보호했다. 이런 모습은 백성들에게 다윗이 진정한 리더라는 확신을 심어줬다.

현대 한국에서 윤석열과 한동훈의 갈등도 비슷한 양상으로 심화됐다. 윤석열은 한동훈이 점점 세간의 주목을 받자 견제를 시작했다. 한동훈이 법무부장관으로서 독자적인 행보를 보이자, 용산 대통령실과 국민의힘 여당 내부에서 불만의 목소리가 나오기 시작했다. "한동훈이 너무 나대는 거 아니냐?"라는 말이 공공연히 나돌았다. 윤석열은 직접 나서진 않았지만, 주변 인물들을 통해 한동훈을 압박했다. 예를 들어 한동훈이 추진하던 개혁안이 용산 대통령실을 통해서, 그리고 국민의힘 친윤 세력들에 의해서 번번이 제동이 걸렸다. 한동훈은 이런 상황에서도 침착하게 대응했다. 그는 윤석열을 공개적으로 비판하거나 대적하지 않았다. 대신 자신의 위치에서 묵묵히 일을 해나갔다. 다윗이 사울의 창을 피하면서도 충성을 다짐했던 것처럼, 한동훈도 윤석열과의 충돌을 피하며 자신의 길을 갔다.

　　하지만 갈등은 점점 더 표면 위로 드러났다. 2023년 말, 한동훈이 법무부장관직에서 물러나고 국민의힘 비대위원장에 추대되면서 독자적인 한동훈만의 정치 행보를 시작하자, 윤석열과 여당 내부의 반발은 극에 달했다. 한동훈 책에서도 언급되어 있지만, 용산 대통령실은 한동훈에게 법무부장관직에서도 물러나라는 압력을 넣었고, 비대위원장직에서도 물러나라는 압력을 여러 번 넣었다고 한다. 윤석열과 김건희의 입장에서 볼 때, "내가 키워서 저 자리까지 앉혀 준 녀석이 감히 나를 넘보려 해?"라는 생각이 강했던 것 같다. 윤은 한동훈을 견제하기 위해 당내 친윤계 인사들을 동원했다. 친윤계 의원들은 한동훈을 비판하며 "윤석열 대통령의 뜻을 따르는 것이 당연하다"며 그를 압박했다. 한동훈은 이런 견제 속에서도 흔들림 없이 자신의 입지를 굳혔다. 이건 마치 다윗이 블레셋과의 전투에서 승리를 거두며 더 큰 명성을 얻은 것과 비슷한 상황이었다. 윤석열의 마음은 더 뒤틀렸다.

한동훈은 윤석열과 직접적인 충돌을 피하려 했다. 그는 윤석열 정부의 정책을 비판하기보단, 국민들의 목소리를 대변하는 데 집중했다. 예를 들어 그는 경제 문제와 청년 실업 문제를 주요 의제로 삼아 국민들과의 대화를 늘렸다. 한동훈은 전국을 돌며 타운홀 미팅을 열고, 국민들의 의견을 직접 들었다. 이런 모습은 윤석열과는 다른 리더십이었고, 그럴수록 윤석열은 점점 더 국민들로부터 고립되었다. 그의 주변엔 같이 술을 마셔주는 사람들만 있을 뿐, 진심 어린 조언자는 점점 줄어들었다. 반면 한동훈은 다양한 사람들과 협력하며 자신의 정치적 기반을 넓혔다. 그는 비대위원장으로, 그리고 당대표로서 당내 갈등을 조율하면서도, 국민들에게 새로운 비전을 제시했다.

윤석열은 한동훈의 행보를 보며 권력을 잃을지도 모른다는 불안을 느꼈다. 한동훈은 그런 윤석열의 태도를 알면서도 침착하게 대응했다. 그는 윤석열을 직접 비판하지 않았지만, 자신의 행동으로 차별화된 리더십을 보여줬다. 예를 들어 윤석열이 강경하게 밀어붙인 특정 정책에 대해 한동훈은 "국민들의 의견이 더 중요하다"며 보다 유연한 태도를 보였다. 이런 태도는 국민들에게 신선하게 다가갔다. 사울과 다윗의 갈등에서 다윗이 백성들의 마음을 얻었던 것처럼, 한동훈도 국민들의 신뢰를 얻으며 자신의 길을 걷고 있었다.

권력의 이동과 몰락의 비극

사무엘서에서 사울의 몰락은 비극적이었다. 그는 블레셋과의 전투에서 패배하고, 결국 스스로 목숨을 끊었다. 하나님의 선택을 받았던 왕이, 그 선택을 잃고 비참한 최후를 맞은 것이다. 사울의 죽음은 전투에서의 패배만이 아니라, 그의 내면의 불안과 질투가 초래한 필연적인 결과였다. 그는 하나님의 뜻을 따르지 않고 자신의 욕망에 사로잡혔다. 그 결과, 그는 백성들의 신뢰를 잃고, 결국 스스로 무너졌다. 사울은 마지막 전투에서 세 아들과 함께 블레셋 군대에 포위당했다. 그는 부상당한 상태에서 적의 손에 죽느니 차라리 스스로 목숨을 끊는 길을 택했다. 그의 죽음은 백성들에게 큰 충격을 줬다. 하지만 동시에 사울의 몰락은 다윗이 왕이 될 길을 열어줬다.

사울이 죽은 후, 다윗은 이스라엘의 왕으로 등극했다. 그는 사울의 죽음을 애도하며, 자신의 손으로 사울을 해친 적이 없음을 강조했다. 다윗은 사울의 아들 요나단과 맺은 우정을 기억하며, 사울 가문에 은혜를 베풀었다. 그는 요나단의 아들 므비보셋을 불러 자신의 식탁에서 밥을 먹게 했다. 이는 다윗의 관용과 정의로운 리더십을 보여주는 장면이었다. 다윗은 사울의 실패를 딛고 새로운 이스라엘을 세우기 위해 노력했다. 그는 하나님의 뜻을 따르며 백성들을 이끌었다. 물론 다윗도 완벽한 사람은 아니었다. 그는 나중에 밧세바 사건과 같은 실수를 저지르며 하나님 앞에 회개해야 했다. 하지만 그의 리더십은 사울과는 달리 백성들의 마음을 얻는 데 성공했다.

다윗은 왕이 된 후에도 사울의 가문을 완전히 배제하지 않았다. 그는 백성들에게 "우리의 왕이었던 사울을 위해 애곡하라"며 사울의 죽음을 애도했다. 이런 태도는 백성들의 마음을 움직이는 힘이 되었다. 다윗은 권력을 잡은 왕이기 전에 백성들의 마음을 얻은 진정한 리더로 자리 잡은 것이다. 그는 이스라엘을 통일하고, 예루살렘을 수도로 삼으며 새로운 시대를 열었다. 다윗의 통치는 사울의 실패를 딛고 더 큰 번영을 가져왔다. 그는 백성들에게 하나님의 뜻을 따르는 리더십을 보여줬다. 이런 모습은 다윗을 이스라엘 역사에서 가장 위대한 왕으로 기억하게 했다.

윤석열과 한동훈의 이야기도 비슷한 흐름을 이어간다. 윤석열의 지지율은 바닥을 쳤다. 가장 큰 원인은 김건희 리스트였다. 윤석열 정부는 이제 겨우 반환점을 돌았을 뿐인데, 국민들로부터 완전히 신뢰를 잃었다. 특히 경제 상황이 악화되면서 국민들의 불만은 극에 달했다. 윤석열은 경제 활성화를 위해 여러 정책을 내놨지만, 대부분 실효성이 없었다. 그는 기업들에게 세금을 감면 해 주며 투자를 유도하려 했지만, 그 효과는 미미했다. 오히려 물가가 치솟고 실업률이 늘어나며 국민들의 불만은 더 커졌다.

윤석열은 이런 상황에서 점점 더 고립됐다. 그의 주변엔 충신보다는 술친구 또는 주술사들, 아부꾼들이 많아졌고, 그의 정책은 국민들의 현실과 점점 더 괴리됐다. 그는 자신의 실책을 인정하기보단, 외부 요인 탓으로 돌리며 책임을 회피했다. 이런 태도는 국민들의 불신을 더 깊게 만들었다. 반면 한동훈은 그 사이 꾸준히 자신의 정치적 입지를 다졌다. 그는 당대표로서 국민들과 소통하며, 윤석열 정부의 실책을 되풀이하지 않겠다는 메시지를 전달했다. 한동훈은 의료 개혁의 정상화를 위한 대화의 장 마련, 금투세 문제와 청년 실업 문제를 주요 의제로 삼아 국민들과의 대화를 늘렸다. 그는 전국을 돌며 타운홀 미팅을 열고, 국민들의 의견을 직접 들었다. 그럴수록 국민들 사이에서 한동훈은 "윤석열의 실패를 딛고 일어설 리더"로 각인되었다.

국민들은 이미 한동훈의 새로운 비전에 주목하고 있었다. 윤석열의 몰락은 사울의 죽음만큼 극적이진 않았지만, 권력의 정점에서 오히려 중심을 잃고 김건희의 치마폭 안에서 고립된 그의 모습은 충분히 비극적이었다. 한동훈은 윤석열 정부의 실책을 반복하지 않기 위해 전문가들과 협력하며 실질적인 개혁을 구체화하고 있다. 이런 한동훈의 행보는 국민들에게 긍정적인 반응을 얻기에 충분했다. 다윗이 백성들의 마음을 얻으며 통치를 시작했던 것처럼, 한동훈도 국민들의 신뢰를 바탕으로 자신의 시대를 열어가고 있는 것이다.

두 이야기의 교훈과 미래의 물음

사울과 다윗, 윤석열과 한동훈의 이야기는 권력의 본질과 인간의 약점을 보여준다. 사울은 권력을 잃을까 두려워하며 스스로를 망쳤다. 그는 하나님의 선택을 받았지만, 그 선택을 지키지 못했다. 사울은 자신의 불안과 질투에 사로잡혀 점점 더 잘못된 결정을 내렸다. 그는 하나님의 뜻을 따르기보단 자신의 욕망을 앞세웠다. 그 결과 그는 백성들의 신뢰를 잃고, 결국 비극적인 최후를 맞았다. 반면 다윗은 인내와 믿음으로 결국 왕이 됐다. 그는 사울을 해치지 않고, 오히려 그를 존중하며 자신의 길을 갔다. 이런 태도가 다윗을 진정한 리더로 만들었다. 다윗은 하나님의 뜻을 따르며 백성들의 마음을 얻었다. 그의 리더십은 사울과는 달리 이스라엘에 번영을 가져왔다.

윤석열과 한동훈의 이야기도 비슷한 교훈을 준다. 윤석열은 권력을 쥐었지만, 그걸 지키는 데 실패했다. 경제 문제, 외교 문제 등 여러 성과가 있었음에도 불구하고, 김건희 관리에 실패하고 술과 주술에 탐닉하면서 국민들의 신뢰를 잃었다. 그는 정치 초보로서의 한계를 극복하지 못했다. 그의 주변엔 진심 어린 조언을 해주는 사람이 점점 줄어들었다. 반면 한동훈은 차분히 때를 기다리며 국민들의 신뢰를 얻었다. 그는 윤석열과의 갈등 속에서도 직접적인 충돌을 피하며 자신의 길을 걸었다. 한동훈은 당대표 시절부터 국민들과의 소통을 강화하며, 윤석열 정부의 실책을 되풀이하지 않겠다는 메시지를 전달했다. 이런 태도는 국민들에게 신선하게 다가갔다.

이 두 이야기는 결국 우리에게 질문을 던진다. 권력이란 무엇이고, 리더란 어떤 사람이어야 하는가? 권력은 주어지는 것이 아니라, 유지하고 키워가는 과정에서 진짜 가치가 드러난다. 즉 국민들의 지지 여부가 결정되는 것이다. 사울과 윤석열은 그걸 잃었고, 다윗과 한동훈은 그걸 얻었다. 하지만 한동훈의 이야기는 아직 끝나지 않았다. 그가 과연 다윗처럼 진정한 리더로 남을지, 아니면 또 다른 사울이 될지는 시간이 말해줄 것이다. 다윗도 왕이 된 후 밧세바 사건과 같은 실수를 저지르지 않았나. 한동훈도 대

2025년 3월 16일 한동훈은 측근들과 함께 여의도 순복음 교회 주일예배에 참석하였다.
뉴스1 보도사진 캡쳐

통령으로서 수많은 유혹과 도전에 직면할 것이다. 권력은 사람을
시험한다. 한동훈이 그 시험을 어떻게 이겨낼지가 그의 진짜 가
치를 결정할 것이다.

9

취임사에 담긴
한동훈의 정치철학

법무부장관 취임사에서

한동훈이 2022년 5월 법무부장관 취임사에서 전하고 싶었던 대국민 메시지는 단순한 정책 선언을 넘어선다. 그의 말속에는 법치주의, 정의, 자유, 그리고 인간의 존엄을 지키려는 뜨거운 열망이 담겨 있다. 이건 그냥 공무원의 의례적인 다짐이 아니다. 법이 국민을 위해 존재해야 한다는 신념, 그리고 그 법이 약자를 따뜻하게 감싸고, 강자에게도 예외 없이 엄정해야 한다는 강렬한 의지가 느껴진다. 한동훈은 법무부의 역할을 '정의에 이르는 길'이라고 정의한다. 영어로 'Ministry of Justice'라는 이름처럼, 법무부는 정의와 상식의 보루여야 한다는 것이다. 그는 법치주의

법무부장관 취임식 | 법률신문 보도사진 캡처

가 흔들리면 가장 큰 피해를 보는 건 힘없는 사람들, 즉 사회적 약자라고 단호하게 말한다. 이건 단순한 수사가 아니다. 우리가 일상에서 느끼는 불안 ─ 법이 제대로 작동하지 않을 때의 그 막막함을 떠올리게 한다. 법이 공정하게 집행되지 않으면, 가진 자는 더 뻔뻔해지고, 없는 자는 더 깊은 절망 속으로 빠진다. 한동훈은 이런 현실을 바꾸고 싶어 한다. 법 앞에서 모두가 평등해야 하고, 그 결과가 정의로 이어져야 한다는 철학이 그의 말 곳곳에 스며 있었다.

이건 고대 철학자 플라톤과 아리스토텔레스가 말한 정의와도 맞닿아 있다. 플라톤은 정의가 사회의 조화를 이루는 근본 원칙이라고 봤고, 아리스토텔레스는 "각자에게 마땅한 것을 주는 것"

결국, 한동훈

이 정의라고 했다. 한동훈의 "사회적 강자도 법의 심판을 받아야 한다"는 주장은 이 오래된 진리를 현대적으로 되살린 것이다. 법이 특정 권력자나 부자를 봐주지 않고, 누구에게나 똑같이 적용될 때 비로소 사회가 바로 선다는 그의 믿음이다.

한동훈은 자유민주주의와 시장 경제를 헌법이 약속한 나라의 근본으로 꼽는다. 그는 법이 국민의 자유를 지키고, 시장이 공정하게 돌아가도록 뒷받침해야 한다고 강조한다. "룰이 지켜질 것이라는 믿음"이 시장 참여자들에게 중요하다는 말은, 법적 안정성이 없으면 경제도 흔들린다는 현실적인 통찰이다. 이건 존 로크와 애덤 스미스가 수백 년 전 외쳤던 자유와 법의 중요성을 떠올리게 한다. 로크는 정부가 시민의 자유와 재산을 보호해야 한다고 했고, 스미스는 법이 경제의 신뢰를 지탱한다고 봤다. 한동훈의 철학은 이 전통을 잇는다.

그런데 여기서 멈추지 않는다. 그는 경쟁에서 뒤처진 사람들도 행복하게 살 수 있어야 한다고 말한다. 이건 단순한 이상론이 아니다. 시장이 아무리 자유로워도, 그 안에서 소외된 이들이 고통받는다면 진정한 자유가 아니라는 것이다. 이 대목은 존 롤스의 정의론과 닿아 있다. 롤스는 사회의 가장 약한 이들에게 혜택이 돌아가야 정의롭다고 했다. 한동훈 역시 법이 약자를 위한 든든한 울타리가 되어야 한다고 역설한다. 법치주의가 차갑게만 느껴질 수 있지만, 그는 여기에 인간적인 따뜻함을 더하고 싶어 한다.

한동훈의 장관 취임사에서 가장 강렬하게 다가오는 건 공정한 법 집행에 대한 의지다. 그는 "사회적 강자도 엄정하게 수사할 수 있는 시스템"을 만들겠다고 선언한다. 이건 그냥 멋진 말이 아니다. 우리 사회에서 늘 되풀이되는 불공정 — 권력과 돈이 법을 비웃는 모습을 떠올리면, 그의 말이 얼마나 절실한지 알 수 있다. "대한민국은 그런 나라여야 한다"는 외침은 국민이라면 누구나 공감할 수밖에 없는 열망이다.

이 철학은 프리드리히 하이에크의 법치주의와 통한다. 하이에크는 법이 모든 사람에게 똑같이 적용되어야 하며, 누구도 법 위에 있어선 안 된다고 했다. 한동훈도 이를 실현하고자 한다. 그는 검찰이 정치적 도구가 아니라, 국민을 위한 공정한 심판자여야 한다고 믿는다. "할 일 제대로 하는 검찰을 두려워할 사람은 오직 범죄자뿐"이라는 말은 이 신념을 단단하게 보여준다. 법이 권력에 휘둘리지 않고 독립적으로 작동할 때, 우리는 비로소 안심할 수 있는 사회에 한 발짝 다가간다.

한동훈은 "밤길 다니기 겁나지 않는 사회"를 만들겠다고 다짐한다. 조폭이 설치는 모습, 서민이 피해를 당하고도 참아야 하는 현실을 끝내버리고 싶어 한다. 이건 토마스 홉스가 말한 사회계약론과 연결된다. 홉스는 국가가 시민의 안전을 최우선으로 지켜야 한다고 했다. 한동훈도 강력한 법 집행과 범죄 예방으로 국민의 일상을 보호하고자 한다. 전자감독제를 강화하고, 금융 범죄 수사 조직을 되살리는 구체적인 방안은 이 철학의 실천이다. 이건 우리 모두가 바라는 모습 아닌가? 집에 돌아오는 길에 두려움 없이 걸을 수 있고, 억울한 일을 당해도 법이 나를 지켜줄 거라는 믿음. 한동훈은 법이 그저 지켜야 할 규칙에 머무는 것이 아니라, 국민의 삶을 지탱하는 울타리가 되어야 한다고 본다. 이 메시지는 우리의 일상에 깊이 와닿는다.

한동훈 법무부장관 취임사는 법치주의를 단순한 원칙으로 끝내지 않는다. 그는 법이 "국민에게 위로와 도움이 되는" 도구여야 한다고 말한다. 이건 차가운 법 집행이 아니라, 사람 냄새나는 법치관이다. 정의와 상식을 바탕으로, 약자를 보호하고, 강자에게 엄정하며, 자유와 안전을 지키는 법. 이 모든 게 조화를 이룰 때, 우리는 진짜 정의로운 사회에 가까워진다.

그의 철학은 고대부터 현대까지 이어져 온 위대한 사상들과 맞닿아 있다. 플라톤과 아리스토텔레스의 정의, 로크와 스미스의 자유, 롤스의 연대, 하이에크의 법치, 홉스의 안전. 이 모든 걸 한 데 엮어, 오늘날 우리 사회에 꼭 필요한 메시지로 풀어낸 것이다. 한동훈은 법을 국민의 손에 돌려주고 싶어 한 것이다. 법이 지배하는 게 아니라, 국민을 위해 봉사하는 도구가 되길 바란 것이다. 이건 우리 모두가 꿈꾸는 사회 아닌가? 법이 공정하고, 약자를 감싸며, 자유를 지키는 사회. 한동훈 장관의 취임사는 그 꿈을 향한 첫걸음이었다. 그의 철학적 메시지는 단순한 말이 아니라, 우리 삶을 바꿀 수 있는 힘을 품고 있다. 법치와 정의가 살아 숨 쉬는 세상을 함께 만들어가자는 한동훈의 제안이다.

(취임사 전문 링크 주소 : https://www.moj.go.kr/bbs/moj/182/559389/artclView.do)

국민의힘 비대위원장 취임사에서

(비대위원장 취임사에 담긴 한동훈의 목소리)

2023년 12월 말, 국민의힘 비상대책위원장으로 취임한 한동훈의 수락 연설은 정치적 의례를 넘어 그의 철학과 비전이 생생히 녹아든 무대였다. 검사라는 단단한 이력을 내려놓고 정치라는 새로운 전쟁터에 뛰어든 그는 이 연설에서 단호함과 열정, 그리고 희망을 한꺼번에 쏟아냈다. 그의 목소리는 때로는 칼처럼 날카롭고, 때로는 따뜻한 포용력으로 울려 퍼지며, 듣는 이로 하여금 "이 사람, 정말 뭔가 다를지도 모른다"는 기대감을 불러일으켰다. 보수 정당의 혁신, 기득권 청산, 국민 중심의 정치라는 핵심 메시지를 중심으로, 한동훈은 과감한 결단과 비판, 그리고 실질적인 대안을 동시에 제시했다. 이 연설은 단순히 정치적 선언에 그치지 않고, 한국 정치의 판을 뒤흔들 새로운 시작을 알리는 신호탄이었다.

이제 그의 연설 속에서 울려 퍼진 목소리를 하나씩 풀어보며,

비대위원장 취임식 | 폴리뉴스 보도사진 캡쳐

그 의미와 맥락을 깊이 들여다보자.

　한동훈은 취임사 첫머리에서 "22대 총선에 불출마하겠다"고 선언하며 모두를 놀라게 했다. "승리를 위해 뭐든 다 하겠지만, 그 승리의 과실은 가져가지 않겠다"는 말과 함께, "지역구에도, 비례에도 출마하지 않겠다"고 단호하게 못 박았다. 이는 정치적 수사가 아니라, 당과 국민을 위한 희생을 몸소 실천하며 혁신의 첫걸음을 내디딘 행보였다. 정치 입문과 동시에 자신의 거취를 내려놓은 이 결단은 강렬함을 넘어서는 어떤 상징적 무게를 지닌다. 마치 고대 로마의 전설적인 영웅 킨키나투스가 국가의 위기를 구한 뒤 권력을 버리고 밭으로 돌아간 것처럼, 한동훈은 권력을 개인의 욕망이 아닌 공익을 위한 도구로 삼겠다는 의지를 분명히 드러냈다.

이 선언은 단순한 제스처를 넘어, 그의 정치적 철학의 출발점을 보여준다. "국민의 공복公僕으로서 정치인이 존재해야 한다"는 그의 신념이 빛을 발하는 순간이었다. 당장 눈앞의 의원직이나 권력의 달콤한 열매를 쫓기보다, 더 큰 승리와 국민의 신뢰를 위해 자신을 던지겠다는 모습은 그의 신념에 진정성을 더한다. 연설을 듣는 순간, 그의 단호한 목소리가 귓가에 박히며 "정말 이 사람이라면 뭔가 바꿀 수 있을지도?"라는 희망을 심어준 것이다. 이는 정치인으로서의 첫걸음에서부터 개인의 이익을 배제하고 공공의 선을 우선하겠다는 의지의 표현이었다.

이러한 결단은 고대 공화주의의 정신과도 맞닿아 있다. 로마 공화국의 이상은 권력자가 사사로운 이익이 아닌 공동체를 위해 헌신해야 한다는 것이었다. 한동훈의 불출마 선언은 이 정신을 현대 정치에 되살려내려는 시도로 읽힌다. 더 나아가, 플라톤의 "철인이 통치해야 한다"는 철학 정신과 연결된다. 플라톤은 권력을 탐하는 자가 아니라 오직 공공의 이익을 위해 헌신하는 자가 통치자여야 한다고 보았다. 한동훈은 이 선언을 통해, 정치가 개인의 욕심을 채우는 무대가 아니라 국민을 섬기는 헌신의 장이 되어야 함을 몸으로 증명하려 했다. 그의 목소리는 이 순간, 단순한 정치인을 넘어선 어떤 이상주의자의 울림을 담고 있었다.

한동훈의 연설에서 가장 강렬하게 울린 메시지는 "운동권 특권정치 청산"이었다. 그는 "이재명 대표의 민주당과 그 뒤에 숨어 국민 위에 군림하려는 운동권 특권 세력"을 정면으로 겨냥하며, 586세대가 주도하는 낡은 기득권 구조를 끝장내야 한다고 목소리를 높였다. "386이 486, 586, 686이 되도록 영수증을 내밀며 대대손손 국민을 가르치려 든다"는 그의 비판은 날카롭고 통쾌하다. 민주화라는 과거의 업적을 방패 삼아 부패와 특권을 누리는 세력을 향한 분노가 그의 목소리에서 뜨겁게 느껴진다. 이 비판은 단순히 상대 진영에 대한 공격이 아니라, 한국 사회가 오랫동안 안고 있던 구조적 문제를 정면으로 찌르는 것이다.

한동훈은 운동권 출신들이 과거의 영광을 내세워 현재의 권력을 유지하고, 이를 통해 새로운 기득권층으로 자리 잡았다고 본다. 이는 마치 프랑스 혁명 이후 혁명가들이 새로운 귀족 계층으로 변모한 역사적 아이러니를 떠오르게 한다. 그는 이러한 반복되는 역사의 악순환을 끊어내고, 진정한 민주주의를 회복하겠다는 단호한 의지를 연설에 담았다. "과거 운동권 경력이 더 이상 면죄부가 될 수 없다"고 외치는 그의 목소리는 단호하면서도 뜨거웠다. 이 대목에서 그의 연설은 듣는 이에게 오래 묵은 체증이 뚫리는 듯한 카타르시스를 선사한다.

하지만 한동훈은 여기서 멈추지 않았다. 단순한 비판을 넘어 "청산해야 할 시대정신"으로 이를 규정하며, 자신의 정치적 사명을 분명히 한다. 그는 민주당 정권의 권력형 비리와 내로남불을 구체적인 예로 들며, 기득권 청산이 단순한 구호가 아닌 실질적인 목표임을 강조한다. 더 나아가 "비판만으론 부족하다. 우리가 대안이 될 실력과 자세를 갖춰야 한다"고 덧붙이며, 단순한 적대적 대립이 아닌 혁신으로 나아가려는 의지를 드러냈다. 이는 니체의 '권력 의지'와도 맥락을 같이한다. 니체는 기존 질서를 부정하는 데 그치지 않고, 새로운 가치를 창조해야 한다고 보았다. 한동훈 역시 운동권 특권정치를 비판하는 데 머물지 않고, 보수 진영이 새로운 시대정신을 제시해야 한다고 역설한다. 그의 목소리는 이 순간, 분노와 희망이 뒤섞인 강렬한 에너지를 뿜어냈다.

한동훈은 정치 개혁의 상징으로 "불체포 특권 포기를 공천 조건으로 내걸겠다"고 선언하며 또 한 번 청중을 놀라게 했다. 국회의원이 법 위에 군림하는 현실을 깨부수겠다는 이 제안은 파격적이다 못해 혁명적이다. "일주일에 서너 번 중대범죄로 재판받는 당 대표를 둔 민주당"을 겨냥하며 "초현실적"이라 비판한 대목은 듣는 이로 하여금 고개를 끄덕이게 한다. 하지만 그는 여기서 멈추지 않고, "왜 우리가 민주당을 압도하지 못하는지 반성해야 한다"고 당 내부를 향한 쓴소리를 던진다. 이는 단순히 상대를 공격하는 데 그치지 않고, 보수 스스로가 변해야 한다는 자기 성찰을 촉구하는 발언이었다.

이 제안은 민주주의의 기본 원칙인 책임과 평등을 정치권에 되살리려는 시도다. 법 앞에서 국민과 동등하게 책임지는 정치

문화를 만들겠다는 그의 철학이 돋보인다. 연설 속에서 이 말이 나왔을 때, "정말 실천할 수 있을까?"라는 궁금증과 함께 "이런 변화라면 믿고 싶다"는 희망이 동시에 피어오른다. 그의 목소리는 이 순간 차분하지만 단단하게 들리며, 단순한 정치적 수사가 아닌 실질적인 변화를 이끌어내려는 구체적인 방안을 제시하고 있음을 보여준다.

불체포 특권 포기는 단순한 제안이 아니라, 정치인이 국민과 같은 위치에서 책임을 져야 한다는 민주주의의 근본 원칙을 되새기는 계기다. 이는 존 스튜어트 밀의 자유론과도 연결된다. 밀은 법 앞의 평등과 책임이 민주주의의 핵심이라고 보았다. 한동훈은 이 원칙을 정치 현실에 적용하며, 국민 위에 군림하는 특권 구조를 해체하려 한다. 그의 목소리는 이 대목에서 뜨겁기보다는 차분하고 논리적이었지만, 그 안에는 단호한 결단력이 깃들어 있었다. 이 제안이 실현된다면, 한국 정치의 투명성과 책임성을 한 단계 끌어올리는 전환점이 될 수 있다.

"동료 시민들의 삶을 좋게 만드는 데 도움이 되는 삶을 살고 싶었다"는 한동훈의 말은 그의 정치적 포부를 가장 잘 담고 있다. 그는 권력 그 자체가 목표가 아니라, 국민에게 실질적인 이로움을 주기 위한 도구로 정치를 바라본다. 총선 불출마 선언도, 당내 쇄신도 모두 이 공복 정신에서 비롯된다. "국민의 신뢰 없이는 아무것도 안 된다"는 그의 반복된 강조는 듣는 이의 가슴에 깊이 와닿는다. 이는 사회계약론의 핵심 개념인 "국민의 동의"와 직결된다. 존 로크는 권력의 정당성이 국민의 동의에서 나온다고 보았다. 한동훈 역시 국민의 신뢰를 잃으면 정치적 정당성을 상실한다고 믿으며, 정치인을 국민을 섬기는 공복으로 재정의하려 한다.

그는 당내 "대대적인 인적 쇄신"을 약속하며, 70년대생 비서실장을 임명해 젊은 세대를 전면에 내세웠다. 이는 말뿐인 쇄신이 아니라 행동으로 보여준 변화다. 연설에서 "호남에서, 영남에서, 충청에서, 전국에서 싸우겠다"고 지역을 하나하나 호명할 때, 그의 목소리는 전국을 아우르는 힘찬 포용력으로 식장을 진동시켰다. 이는 단순한 지역주의 타파를 넘어, 한국 사회의 갈등을 해소하고 통합을 이루려는 의지를 보여준 것이었다. 한동훈은 보수 정치가 특정 지역이나 계층에 갇히지 않고, 전 국민을 포괄하는 정치로 거듭나야 한다고 말한다. 그의 목소리는 이 순간, 뜨거운 열정과 차분한 확신이 공존하며, 국민 통합을 꿈꾸는 새로운 보수의 얼굴을 제시한다.

한동훈은 운동권 특권정치를 비판하는 데 그치지 않고, 보수가 대안 세력으로 거듭나야 한다고 힘주어 말했다. "우리가 실력과 자세를 갖출 때 비로소 시대정신이 실현된다"는 대목은 연설에서 가장 희망적인 부분이었다. 그는 낡은 보수를 해체하고, 새로운 가치를 창조하겠다는 의지를 보인다. "젊은 세대를 앞세우겠다"는 약속은 보수의 세대교체를 향한 구체적인 첫걸음이다. 이는 니체의 '초인' 개념과도 유사하다. 니체는 기존 가치를 넘어 새로운 가치를 창조하는 자를 '초인'이라 불렀다. 한동훈 역시 보수정치의 낡은 틀을 깨고, 새로운 철학적 기반을 세우려는 의지를 드러낸다.

"공포는 반응이고 용기는 결심"이라며 역사적 인물을 소환한 순간, 그의 목소리는 결단을 촉구하는 힘으로 가득 찼다. 민주화 세력이 기득권이 된 지금, 보수가 새로운 민주주의 수호자로 나서겠다는 자신감이 담겨 있다. 이 대목은 연설의 클라이맥스처럼 느껴지며, 과거의 영웅들을 불러냄으로써 그의 정치적 변혁이 역사적 정당성을 갖는다는 점을 강조한다. 한동훈은 단순한 세대교체를 넘어, 보수정치의 본질을 재정립하며 국민의 신뢰를 되찾겠다는 비전을 제시했다.

한동훈의 비대위원장 취임사는 기득권을 타파하고, 민주주의의 본질을 되살리며, 국민 중심의 보수정치를 만들겠다는 혁신의 외침이었다. 총선 불출마로 보여준 희생, 운동권 특권 청산에 대한 단호함, 불체포 특권 포기라는 과감한 제안, 젊은 세대를 통한 쇄신까지, 그의 목소리는 단순히 상대를 공격하는 데 머물지 않고, 보수 스스로 변화를 만들어 국민의 신뢰를 되찾겠다는 비전을 제시한다. 연설 속에서 고대 공화주의의 헌신, 루소의 국민주권, 니체의 창조적 혁신, 플라톤의 철인정치가 겹쳐지며, 한동훈은 이를 현대 한국 정치에 녹여내며 새로운 보수의 길을 열겠다고 약속했다. 그의 목소리는 뜨겁고 단호하며, 때로는 희망으로 차 있다. 이 연설은 단순한 시작이 아니라, 한국 정치의 새로운 가능성을 열어젖히는 선언이었다.

(취임사 전문 링크 주소 : https://biz.chosun.com/policy/politics/2023/12/26/ FBCXMYBH7FCS7AM6XLPA5XIKEI)

국민의힘 당대표 취임사에서

(한동훈 당대표 취임사에 담긴 한동훈의 목소리)

2024년 7월 23일, 한동훈은 국민의힘 전당대회에서 63%라는 압도적인 득표율로 당대표에 당선되며 정치 무대의 중심에 섰다. 그의 당대표 취임사는 단순한 수락 연설을 넘어, 그가 꿈꾸는 정치철학과 비전을 생생히 담아낸 순간이었다. 이 연설에서 한동훈은 당내 통합, 포용적 리더십, 민심 존중, 유능한 보수 정당, 그리고 미래지향적 정책이라는 다섯 가지 키워드를 통해 자신의 목소리를 힘 있게 전했다.

한동훈은 취임사에서 첫 번째 화두로 꺼낸 건 당내 통합이었다. 치열했던 전당대회 과정에서 불거진 갈등을 언급하며, 그는 "당원과 국민의 마음이 아팠던 점에 송구하다"고 진심 어린 사과

당 대표 당선 현장 | 뉴스1 보도사진 캡처

를 건넸다. 이 말은 단순한 겸손이 아니라, 그가 리더로서 분열된 당을 하나로 묶겠다는 강한 의지의 시작이었다. 그는 "국민의힘은 다른 의견을 존중하고 차이를 인정하는 성숙한 자유민주주의 정당"이라며, 내부의 다양한 목소리를 끌어안는 포용적 리더십을 약속했다.

실제로 한동훈은 경선 후 경쟁 주자들의 의견을 수렴하고, 당직 인선에서 균형을 맞추며 갈등 봉합에 나섰다. 이런 행보는 그가 말로만 통합을 외치는 게 아니라 행동으로 보여주려는 실천력임을 증명한다. 여기서 한동훈의 진정성을 느낄 수 있다. 정치판에서 흔히 보이는 승자 독식 대신, 그는 모두를 아우르는 리더가되겠다는 결심을 보여준다. 이건 당을 새롭게 바꿔놓겠다는 그의 야심 찬 첫걸음이었다.

"민심을 이기는 정치 없다." 한동훈의 취임사에서 가장 귀에 박히는 말이다. 그는 전당대회 승리를 "변화에 대한 국민과 당원의 선택"으로 규정하며, "민심의 파도에 우리가 올라타자"고 외쳤다. 이 표현은 단순히 멋진 비유가 아니라, 그가 정치의 중심에 국민을 두겠다는 철학을 강렬하게 드러낸 것이다. 그는 당정 관계를 건강하게 운영하고, 합리적인 토론으로 민심을 정확히 읽어 즉각 반응하겠다고 다짐했다.

흥미로운 건, 한동훈이 과거 보수 정당의 실패를 교훈 삼아 국민과 소통하는 정당을 만들려 했다는 점이다. "국민 눈높이에 맞지 않으면 성공할 수 없다"는 그의 말은, 보수가 국민 정서와 동떨어졌다는 비판을 정면 돌파하려는 의지이다. 한동훈의 현실 감각에 매료된다. 그는 국민의 목소리를 정치의 나침반으로 삼아, 당을 국민과 함께 숨 쉬는 조직으로 바꾸려 했다. 이건 정치인 한동훈의 자신감이자, 국민에게 던지는 약속인 것이다.

한동훈 대표는 취임사에서 국민의힘을 "유능한 보수 정당"으로 탈바꿈시키겠다고 힘주어 말했다. 그는 충청권 연설회에서 "실력 있는 보수 정당과 정부·여당이 되어야 한다"며, 실력으로 국민 신뢰를 얻겠다고 강조했다. 흥미롭게도, 그는 윤석열 정부의 R&D 예산 삭감 같은 정책 실수를 공개적으로 비판하며, "거칠었고 정교하지 못했다"고 솔직히 인정했다. 그리고 "반성하고 국민 마음을 챙기겠다"고 약속하며 실용적 면모를 보여준다. 그는 이념에 치우치지 않고, 잘못된 건 고치며 국민 삶을 개선하는 데 집중한다. 집권 세력의 실책을 비판하며 스스로를 유능한 대안으로 내세우는 모습은, 문제 해결사로서의 한동훈을 떠오르게 한다. 그는 보수가 국민에게 신뢰받으려면 실력으로 증명해야 한다는 점을 분명히 알고 있었던 것이다.

한동훈의 당대표 연설에는 미래를 향한 폭넓은 비전으로 가득했다. 그는 민주당 견제에 그치지 않고, 국민이 체감할 미래 정책을 제시했다. "인구 재앙에 대비한 정교한 정책", "범죄와 재난으로부터 국민을 보호하는 치안", "서민과 약자를 돕는 정책"부터 "안보, 경제, 기술 융합 시대의 혁신", "기후변화 대응", "청년과 어르신, 지역 경제를 살리는 정책"까지, 그의 언급은 분야를 가리지 않았다. 특히 "명분과 실리를 갖춘 대북 정책"과 "한미 공조로 국익을 지키는 외교"는 그의 원칙과 실용성을 동시에 보여준다.

한동훈은 보수 정치가 이념 싸움에 갇히지 않고, 국민 삶의 질을 높이고 미래를 준비하는 데 집중해야 한다고 믿고 있다. 그의 목소리는 과거에 머무르지 않고, 대한민국이 직면한 현실과 앞으로의 과제를 직시한다. 이건 단순한 정책 나열이 아니라, 국민과 함께 새로운 시대를 열겠다는 그의 뜨거운 열망이다.

(취임사 전문 링크 주소 : https://www.indifocus.kr/58651)

한동훈 취임사의 일관된 메시지:
법치, 공정, 국민, 혁신

한동훈의 당대표 취임사는 법무부장관, 비대위원장 취임사들과 맥을 같이 한다. 세 연설을 관통하는 메시지는 법치주의, 공정, 국민 우선, 변화와 혁신이다.

법무부장관 시절 "정의와 상식의 법치"를 외쳤고, 비대위원장 때는 운동권 특권층과 싸우겠다고 했으며, 당대표로서 국회의 특권을 내려놓겠다고 밝혔다. 그는 법 앞에 모두가 평등한 사회를 만들겠다는 신념을 일관되게 보여준다.

"국민께 힘이 되는 법치행정", "국민의 부당한 고통을 막겠다", "민심 이기는 정치 없다"는 말로, 국민을 모든 결정의 중심에 둔다.

시대에 맞춘 법치행정, 낡은 정치 청산, 민심에 반응하는 당 혁신까지, 그는 늘 변화를 강조한다.

이 일관성은 한동훈의 진짜 목소리를 들려준다. 그는 권력을 특권이 아닌 책임으로 보고, 정치를 국민과 함께 가는 여정으로 여긴다. 독자로서 그의 신념이 흔들리지 않는다는 점에 끌릴 수밖에 없다. 한동훈의 목소리, 어디까지 울려 퍼질까? 한동훈의 취임사는 뜨거운 열정과 냉철한 현실 감각이 공존하는 연설이었다. 그는 당을 통합하고, 국민의 목소리를 반영하며, 실력으로 신뢰를 쌓고, 미래를 준비하겠다고 약속한다. 하지만 이 목소리가 현실이 되려면 넘어야 할 산이 많다. 총선 패배로 입법 추진력이 약해진 상황, 윤석열의 말도 안 되는 비상계엄 그리고 탄핵의 혼란 가운데에서, 야당의 반대와 정치적 난관을 어떻게 돌파할지가 관건이다.

그럼에도 한동훈의 목소리는 희망을 준다. 그는 법치와 공정, 혁신을 단순한 구호가 아닌 실질적 변화로 만들겠다고 다짐한다. 그의 말이 공허한 메아리가 아니라, 대한민국 정치에 새 바람을 일으킬 수 있을까? 한동훈은 이제 그 질문에 행동으로 답해야 한다. 국민의 상식이 정치의 기준이 되는 날, 그의 목소리는 진정으로 힘을 갖게 될 것이다.

PART 3

미래로의 초대:
한동훈과 국민의 동행

10

한동훈이 열어가야 할
대한민국의 미래

대한민국은 지금 새로운 도약의 기로에 서 있다. 4차 산업혁명 시대를 맞아 인공지능, 바이오메디컬, 양자컴퓨팅, 신소재, 환경, 에너지와 같은 핵심 분야에서의 혁신이 우리의 미래를 결정지을 것이다. 한동훈은 이러한 분야에서 대한민국을 글로벌 리더로 우뚝 세우기 위한 비전과 구체적 전략을 제시해야 한다. 이는 단순한 선거 승리를 위한 공약이 아니라, 국민 모두가 공감할 수 있는 미래 혁신 전략 기획으로서, 우리 경제와 사회 전반을 혁신하여 지속 가능한 성장을 이루겠다는 강력한 약속이 되어야 한다.

인공지능 미래 혁신

한동훈은 대한민국을 인공지능AI 분야의 세계 3대 강국으로 도약시키겠다는 청사진을 제공해야 한다. 국가 차원의 AI 전략을 수립하고, 민관이 힘을 합쳐 AI 기술 개발과 활용을 전방위로 지원해야 한다. 정부는 규제 혁신을 통해 AI 산업의 성장을 뒷받침하고, 불필요한 장벽은 없애되 윤리와 안전은 확보하는 균형 잡힌 정책을 추진해야 한다. 예를 들어, 네거티브 규제 시스템으로 전환하여 새로운 AI 서비스가 등장할 때 "선先 허용-후後 규제"로 대응하고, AI 발전을 가로막는 낡은 규제는 과감히 정비해야 한다.

AI 강국이 되기 위해 가장 중요한 것은 꾸준한 연구개발R&D 투자와 인프라 구축이다. 한동훈은 민관 합동으로 대규모 AI R&D 투자를 이끌어내고, 초거대 AI 모델과 차세대 AI 반도체 등 첨단 기술 연구를 집중 지원해야 한다. 특히 국내 AI 연구자와 기업들이 세계적 경쟁력을 갖출 수 있도록, 정부 주도로 초고성능 컴퓨팅 인프라를 마련하고, 정부는 2030년까지 국내 AI 컴퓨팅 파워를 15배 이상 확충하여 2엑사플롭스(ExaFLOPS : 슈퍼컴퓨터의 성능을 측정하는 단위. 'Exa'는 100경을 뜻하며, 'FLOPS'는 Floating Point Operations Per Second 초당 부동소수점 연산의 약자)가 넘는 성능을 갖춘 국가 AI 데이터 센터를 구축할 수 있어야 한다. 이를 통해 방대한 데이터를 신속히 처리하고, AI 개발 속도를 높여, 연구자와 스타트업이 마음껏 혁신할 수 있는 토대를 만들어야 한다.

AI 혁신은 일부 IT 업계에만 국한되지 않고, 전 산업 분야로 확산되어야 한다. 한동훈은 제조업, 의료, 금융, 농업 등에 AI를 접목하는 "AI+X" 정책을 추진하여 산업별 생산성 혁신을 이루어야 한다. 예를 들어 스마트 공장에서의 제조 공정 최적화, AI 의료 진단을 통한 정밀 의료 구현, 핀테크를 통한 금융 서비스 고도화 등 각 분야별로 AI 활용을 극대화할 수 있어야 한다. 정부 차원에서 AI 활용 모범 사례를 발굴·확산하고, 중소기업에는 AI 도입 컨설팅과 세제 혜택을 제공하여 AI 기술을 전국민적으로 확산시켜야 하며, 동시에 공공부문에서도 AI 행정을 도입해 행정 효율을 높이고 국민들에게 한층 향상된 서비스를 제공해야 할 것이다.

AI 시대의 경쟁력은 곧 인재와 창업 생태계의 경쟁력이다. 한동훈은 미래 세대를 위한 AI 인재 양성 혁명을 일으켜야 한다. 초중등 교육에서 코딩 및 AI 소양 교육을 강화하고, 대학에는 AI 학과 및 융합 전공을 확대하며, 국내 최고 두뇌들이 AI 분야에 도전하도록 장을 만들어 줘야 할 것이다. 또한 AI 스타트업을 육성하기 위해 창업부터 성장 단계까지 전 주기에 걸친 지원책을 마련하며, 정부 주도의 AI 투자 펀드를 조성해 유망 스타트업에 자금을 공급하고, 국내 스타트업이 글로벌 무대에 나설 수 있도록 글로벌 AI 올림픽과 같은 경연대회를 개최하여 세계의 투자자들과 교류할 기회를 제공해야 한다. 이러한 생태계 조성을 통해 혁신적인 AI 기업이 쑥쑥 성장하고, AI 신산업과 일자리를 창출시켜야 한다.

바이오메디컬 미래 혁신

지난 코로나19 팬데믹을 거치며 전 세계가 확인했듯이, 바이오헬스 산업은 국민 건강과 경제를 지탱하는 든든한 버팀목이다. 한동훈은 대한민국을 세계 바이오메디컬 산업의 허브로 만들 비전을 가지고, 국내 바이오헬스 산업(현재 대략적 규모는 제약·의료기기·화장품 등을 포함해 약 17,200개 기업이 연간 134조 원의 매출을 올리고 있으며, 34만 명 고용 창출 중)의 탄탄한 기반 위에, 글로벌 시장을 선도하는 혁신 성과를 창출해야 할 것이다. 구체적으로 정부와 민간이 힘을 모아 연 매출 1조 원 이상의 블록버스터 신약 2개를 개발하고, 바이오의약품·의료기기 등의 수출을 현재의 2배로 확대하며, 핵심 기술력을 선도국의 82% 수준까지 끌어올리겠다는 정량적 목표를 제시해야 한다. 또한 국가 바이오 빅데이터를 100만 명 규모로 구축하여 연구개발에 개방하고, 바이오헬스 인재 11만 명을 양성함으로써 대한민국을 명실상부한 글로벌 바이오 중심 국가로 도약시켜야 한다.

미래 바이오산업의 승부처는 결국 혁신 기술이다. CRISPR 유전자 편집 등 차세대 바이오 기술 연구를 적극 지원하고, 개인 맞춤형 정밀 의료를 구현하기 위한 인프라를 구축해야 한다. 예를 들어 희귀질환 환자들의 유전체 정보를 정밀 분석해 맞춤 치료법을 개발하고, AI 신약 개발 플랫폼을 활용해 신약 후보 물질 발굴 기간을 단축하도록 지원해야 한다. 한국형 ARPA^{Advanced Research Projects Agency for Health} 프로젝트는 혁신적인 보건의료 연구개발을 위한 프로그램으로, 국가 보건의료 난제 해결을 위한 고비용·고난도의 파급효과가 큰 임무 중심형 연구개발을 추진하여 향후 10년간 약 2조 원 규모의 도전적 바이오 R&D를 전폭 지원할 여건을 마련해야 한다. 이를 통해 기존에 치료법이 없던 질환을 정복하고, mRNA 백신과 같은 혁신 기술을 국내에서 개발·생산할 수 있도록 해야 한다.

대한민국의 바이오메디컬 혁신을 위해서는 산학연관이 한 팀으로 움직여야 한다. 한동훈은 정부 차원의 바이오헬스 혁신위원회를 신설하여 부처 간 칸막이를 허물고 민간의 목소리를 정책에 반영해야 한다. 특히, 이러한 신설 위원회는 현장의 애로를 발굴해 "반드시 끝까지" 해결하는 컨트롤타워 역할을 수행할 수 있어야 한다. 반짝 시작했다가 흐지부지되는 위원회는 예산만 낭비하고 아무런 결실을 맺지 못하기 때문이다. 특히 바이오메디컬 분야는 시간과 뚝심이 필요한 분야이다. 한동훈이 긴 호흡과 원대한 시각을 가지고 지원을 지속해야만 성공할 수 있다. 이를 위해 정부 R&D 예산을 바이오 분야에 크게 확대하고, 민간 투자도 활성화하여 보스턴-코리아 프로젝트(한국과 미국의 우수 연구그룹 간 첨단 바이오 분야 협력 연구를 위한 국제 공동연구 사업. 세계 최초·최고 수준의 원천기술 확보 및 핵심기술 개발을 목표)와 같은 국제 공동연구를 추진할 수 있어야 한다.

이미, 정부는 2024년부터 과기정통부·산업부·복지부가 함께 세계 최고 바이오클러스터인 미국 보스턴 지역의 연구 그룹과 협력하는 프로젝트에 착수하였다. 이러한 국제 협력은 우리 바이오 스타트업들의 글로벌 진출 교두보가 되어 줄 것이며, 국내에서도 지역별로 바이오 혁신 거점을 육성해 K-바이오 클러스터를 조성할 수 있도록 여건을 마련해야 할 것이다. 예컨대 생명공학 분야의 창업 붐을 일으켜 제2, 제3의 삼성바이오로직스와 셀트리온이 나올 수 있는 환경을 만들어야 한다. 혁신적인 아이디어를 가진 연구자가 창업에 도전하도록 규제샌드박스를 통해 초기 임상시험과 인허가 절차를 신속히 진행하고, 창업 지원금과 세제 혜택을 제공해야 한다. 또 바이오 특화 벤처펀드를 조성해 신생기업에 필요한 자금을 지원하고, 성공적인 기술을 보유한 기업은 국내 병원과 연계한 실증 기회를 얻도록 지원해야 한다.

나아가 국내 개발 백신·신약 등이 해외에서 신속히 인정받을 수 있도록 미국 FDA 등 해외 규제기관과 협력 채널을 구축하고, 국제공동 임상시험을 지원하여 우리 기업의 글로벌 시장 진출을 촉진할 수 있어야 한다. 특히, 국내에서 아무리 뛰어난 성능과 임상 결과를 자랑하는 바이오메디컬 기술이라고 하더라도, 미국 FDA 인증을 받지 않으면 세계 시장 진출은 물론이고, 국내 시장에서도 외국산 치료제 또는 진단 장비에 경쟁에서 밀릴 수밖에 없다. 정부 차원에서 국내에서 개발된 바이오메디컬 제품에 대해서는 국가가 예산과 정부 주도형으로 미국 FDA 인허가를 책임져 주는 프로그램을 개발하여서, 국내 기업의 글로벌 시장 점유를 위해 실질적인 도움을 제공하여야 한다.

대한민국은 세계 최고 수준의 의료 인프라와 우수한 인재를 보유하고 있어 바이오헬스 선도국가로 나아갈 잠재력이 충분하다. 한동훈은 이러한 강점을 살려 혁신 생태계를 활성화하고, 국민이 체감하는 성과(새로운 치료제, 일자리 창출 등)를 만들어내야 할 것이다.

양자컴퓨팅 미래 혁신

양자컴퓨팅 시대를 선도하는 국가 전략: 양자컴퓨팅은 현재의 한계를 뛰어넘어 계산 혁명을 일으킬 기술로 꼽히며, 미래 안보와 경제의 게임체인저가 될 것이다. 한동훈은 대한민국이 이 양자 기술 패권 경쟁에서 뒤처지지 않고 오히려 앞서 나가도록 국가 차원의 과감한 투자를 약속해야 한다.

2023년 정부가 수립한 양자과학기술 전략에 따르면, 한국은 2035년까지 글로벌 양자 경제의 중심 국가로 도약한다는 비전을 천명했다. 이를 위해 ▲국산 기술로 양자컴퓨터를 개발·활용하고, ▲인터넷 강국을 넘어 양자 인터넷 강국이 되며, ▲세계 최고 수준의 양자 센서를 통해 첨단 산업과 국방을 혁신한다는 구체적인 목표를 설정하였다. 한동훈은 이 로드맵을 빈틈없이 이행할 것을 약속해야 하며, 특히, 2035년 양자 분야에서 세계를 선도하겠다는 전략을 구체적으로 제시해야 한다.

양자 기술의 특성상 기초 연구 저변과 전문인력 확보가 핵심이다. 전국에 양자 기술 연구소와 전용 연구센터를 설립하고, 대학에 양자공학·양자정보 관련 학과와 대학원 과정을 신설하도록 지원해야 한다. 현재 약 384명 수준인 핵심 양자 인력을 2035년에는 2,500명 이상으로 대폭 늘리겠다는 계획 또한 계획에 그치지 않고 달성할 수 있도록 시스템을 구축해야 한다. 해외 석학들을 초빙한 "양자교육연구센터"를 설립하고, 물리·수학 등에 뛰어난 인재들이 양자 분야로 진출하도록 장학금 및 연구비를 지원하며, 양자 공학 엔지니어 양성 프로그램을 운영하여, 이론뿐만 아니라 실용화에 필요한 전자공학·제어 분야 인력까지 고르게 육성해야 한다. 우수한 학생들과 연구자들을 미국, 유럽 등 해외 선도 연구기관에 파견하여 첨단 지식을 습득하게 하고, 반대로 세계 유수의 인재를 국내로 초청하는 글로벌 인재 순환 프로그램도 도입해야 한다.

이를 기반으로 양자컴퓨팅 기술 개발을 위한 대규모 국가 R&D 프로젝트를 추진하여, 2027년까지 50 큐비트(비트는 일반컴퓨터의 단위이며, 큐비트는 양자컴퓨터의 단위) 양자컴퓨터 시제품을 개발하고, 2031년에는 1,000 큐비트급 (기존 컴퓨터로 10억 년이 걸리는 문제를 100초 만에 해결하는 수준) 양자컴퓨터를 실현할 수 있는 바탕을 마련해야 한다. 이러한 목표 달성을 위해 양자 하드웨어(초전도, 양자점, 중성자포획 등 다양한 접근법)부터 소프트웨어(양자 알고리즘, 양자 응용 SW)에 이르는 전주기 연구를 지원해야 한다. 산학연 컨소시엄을 구성하여 기초과학 연구 성과를 산업계로 빨리 이전하도록 하고, 유망 양자 스타트업에는 실험시설과 시드 투자, 판로개척 등을 종합 지원해야 한다. 특히 지역 거점에 양자 기술 클러스터를 조성하여 연구소·기업·대학이 한곳에서 협력하며 혁신을 창출할 수 있도록 해야 할 것이다. 아울러 국가 차원의 마스터플랜 수립, 연구 허브 구축, 인력 양성, 성과의 상용화, 국제 협력 증진 등 양자 기술 발전을 위한 체계적 지원을 추진하고, 2035년까지 정부가 약 2.4조 원, 민간이 6천억 원을 투자하여 총 3조 원 이상의 재원을 마련하고 대형 플래그십 R&D 프로젝트를 추진해야 한다. 이를 통해 기초 원천기술부터 응용 상용화까지 모두 아우르는 양자 생태계를 구축해야 한다.

양자컴퓨팅과 양자 기술은 단순히 학문에 그치지 않고, 우리의 안보와 산업에 직접 활용된다. 한동훈은 양자 기술을 국방 분야에 접목하여 미래 전장에서 우위를 확보해야 한다. 예를 들어 양자 암호통신망을 구축해 해킹을 원천 차단하고, 양자 레이더와 양자 센싱 기술을 개발해 스텔스기 탐지 등 기존 기술로 어려운 안보 과제를 해결해야 한다. 국방 분야 양자 기술 전문 연구실을 현재 1개에서 3개로 늘리고, 군 통신을 양자 내성 암호체계로 전환하기 위한 로드맵을 수립해야 한다. 경제 산업 측면에서는 양자 기술을 금융(예: 양자난수로 사이버보안 강화)이나 물류(예: 양자 최적화로 경로 최적화) 등에 적용하여 새로운 부가가치를 창출시켜야 한다. 국제적으로 미국, EU 등 양자 선진국과 파트너십을 강화하여 공동 연구와 인력 교류를 늘리고, 양자 관련 부품·장비의 글로벌 공급망에도 주도적으로 참여해야 한다.

비록 우리나라가 양자 분야에서는 후발주자일지 모르나, 기술 상용화의 결정적 시기가 이제 시작인 만큼 총력전을 펼치면 충분히 앞서나갈 기회가 있을 것이다. 한동훈은 절대 실기해서는 안 된다. 정부, 산업계, 학계, 연구기관이 모두 힘을 합쳐 인재를 기르고, 도전적 R&D에 투자하며, 기업이 성장하기 좋은 환경을 만든다면 2035년 대한민국은 반드시 글로벌 양자 경제를 주도하는 선도국이 될 수 있다.

신소재 미래 혁신

소재 산업은 제조업의 쌀이라 불릴 만큼 모든 산업의 기반이 된다. 반도체, 2차전지, 우주항공, 첨단기기 등 우리 주력 산업의 경쟁력도 결국 소재 기술에서 결정된다.

한동훈은 대한민국을 신소재 분야에서 세계가 주목하는 선도국으로 만들겠다는 포부를 명확하게 밝혀야 한다. 범부처 소재 혁신 전략을 추진하여, 글로벌 신소재 공급망 위기에도 흔들리지 않는 소재 자립도를 확보해야 한다. 단기적으로는 수입 의존도가 높은 핵심 산업 소재 100개를 선정해 향후 5년 내에 해당 소재의 원천기술을 국산화, 동시에 미래 유망 신소재 100종에 대한 선제적 개발을 향후 10년간 추진하여, 10년 뒤 다가올 기술 수요에도 대비해야 한다. 이러한 100+100 이중 전략을 통해 현재의 산업 기반을 단단히 하고, 미래 성장동력을 선점해야 한다.

환경을 생각하는 친환경 소재와 차세대 전자·반도체 소재는 신소재 전략의 두 축이다. 이 구체적인 전략은 다음과 같다. 첫째, 친환경 소재 측면에서 정부는 생분해성 플라스틱이나 바이오 기반 소재 개발을 지원하여 플라스틱 폐기물과 환경오염 문제를 해결해야 한다. 예를 들어 석유 화학 기반의 비닐 대신 자연에서 분해되는 신소재를 개발하는 기업에 R&D 자금을 지원하고, 공공부문에서 해당 제품을 우선 구매하여 발전 기반을 만들어야 한다. 둘째, 첨단 전자·반도체 소재 분야에서는 차세대 반도체 공정에 필요한 소재 (EUV 포토레지스트, 고순도 불화수소 등) 및 배터리 소재 (차세대 양극재·음극재, 전고체전지 전해질 등)의 집중 개발이 필요하다. 앞으로 5년간 100개의 핵심 첨단소재를 개발하고 원천기술을 확보하겠다는 계획을 밝히고, 이를 위해 산학연 협력을 총망라한 첨단 소재 기술 성장위원회를 발족하고, 소재 원천기술 강화 R&D 프로그램을 가동해야 한다. 또한 소재 개발에 AI 기술을 접목하여 연구 효율을 높일 필요가 있다. 정부 차원에서 재료 분야 전문가와 AI 전문가들이 협업하여, 초고속 컴퓨팅 자원과 3천만 건이 넘는 방대한 재료 데이터를 활용해 신소재 발견을 가속화시켜야 한다.

이러한 AI+재료 융합 연구를 통해 연구 기간을 획기적으로 단축하고 성공 확률을 높여야 할 것이다. 대학이나 국가기관 연구실에서 발견된 신소재가 산업 현장의 제품으로 이어지도록 상용화 지원을 강화해야 한다. 시제품 제작 인프라와 시험평가 장비를 대학과 연구소, 기업이 공동 활용할 수 있게 개방하고, 신소재를 활용한 혁신 제품에 대해서는 인허가 및 표준화 과정을 신속히 진행하도록 규제 특례를 부여해야 한다. 또한 대기업-중소기업 간 소재 상용화 협력 모델을 구축하여, 중소 소재 기업이 개발한 기술을 대기업 제품에 시험 적용하고 양산까지 연계될 수 있게 지원해야 한다. 해외로 눈을 돌리면, 글로벌 소재 강소기업들과의 협력 및 기술 교류를 추진하고 국내 젊은 연구자들이 해외 유수 연구기관에서 경험을 쌓고 공동 연구를 진행하도록 국가 예산으로 전폭적으로 지원하여 국제학회 발표와 해외 전문 전시회 참가를 통해 국내 기업의 기술을 세계에 홍보하고 해외 파트너를 모색할 여건을 마련해 줘야 한다. 정부 차원의 외교 노력으로 미국, 유럽, 일본 등과 첨단소재 협력 채널을 구축하고 공동 R&D 펀드를 조성하여, 우리의 소재 기술이 세계 표준이 되고 글로벌 시장을 선도하도록 만들어야 한다.

　우리 대한민국의 소재 분야의 저력은 과거 메모리 반도체, OLED 디스플레이 등의 성공으로 증명된 바 있다. 한동훈은 이러한 성공을 다른 소재 분야로 확대하기 위하여 다음과 같은 제도적 기반을 다져야 한다. 첫째, 소재 부문의 인재를 키우기 위해 대학과 대학원에 신소재 특화 트랙을 지원하고 산학 장학생 제도를 운영해야 한다. 둘째, 국내 소부장(소재·부품·장비) 기업에 대한 금융·세제지원을 강화하고, 기술력을 갖춘 기업이 꾸준히 성장해 매출 1조 원 이상의 소재 기업이 다수 배출되도록 스케일업을 지원해야 한다. 셋째, 소재 산업의 클러스터를 조성하여 기업·연구소·지원기관이 한데 모인 소재 생태계를 구축해야 할 것이다. 이를 통해 연구개발부터 제품화, 양산에 이르는 전 과정을 한 장소에서 해결할 수 있게 하고, 정보 공유와 협업을 촉진하여, 핵심 소재의 공급망 안정을 최우선에 두고, 소재 강국 코리아를 실현하여, 반도체나 2차전지 등 전략 산업의 경쟁력을 근본적으로 높이고 새로운 먹거리를 창출해야 할 것이다.

원자력으로 여는 지속 가능한 미래 혁신

한동훈은 미래 에너지 정책의 핵심으로 원자력발전을 내세우고 있다. 급증하는 에너지 수요와 기후변화에 대응하기 위해 탈탄소이면서도 안정적인 전력이 필수라는 판단에서이다. 그는 취임 연설과 언론 기고 등을 통해 원전 기술 인프라를 재건하고 원전 수출로 에너지 문제를 해결하겠다는 청사진을 강조했다. 특히 인공지능(AI) 시대를 맞아 전력 인프라 혁신의 필요성을 역설하며, 한국 원전 기술의 경쟁력을 바탕으로 글로벌 에너지 시장을 선도하겠다는 비전을 제시했다.

한동훈의 에너지 전략은 문재인 정부 시절 추진된 탈원전 정책을 과감히 폐기하고 원자력 중심으로 에너지 정책을 정상화하는 데서 시작된다. 그는 야당도 이제 "사실상 탈원전 정책의 한계를 인정"할 수밖에 없는 상황이라고 지적한 바 있다. 실제로 야당이 원전 예산을 전액 삭감했다가 다시 원전 예산을 증액하여 합의 처리한 바 있는데, 한동훈은 이를 두고 "AI 시대가 중요하다고 말하면서 탈원전을 고집할 수는 없었을 것"이라며, 이전 정책의 한계를 꼬집었다. 그는 "AI 혁명에 막대한 전력이 필요하고, 안정적 공급이 필수적"이라며 원자력의 역할을 여러 차례 강조했다. 태양광·풍력 등 재생에너지만으로는 전력 공급의 변동성 때문에 한계가 있어 안정적 전력 공급에 부족하며, 결국 여러 나라들이 이상적 구호였던 RE100Renewable Energy 100%에서 탈피하는 추세라고 지적했다. 즉, 이상론보다는 현실적인 대안으로써 원전을 활용해야 한다는 것이다. 만약 한국이 과거 탈원전 노선을 계속 고집했다면 "AI 혁명 문턱에서 큰 어려움에 직면했을 것"이라며, 미래 첨단 산업 시대에 대비하려면 원자력과 같은 안정적인 전원이 반드시 필요하다고 강조했다.

한동훈의 미래 대한민국 에너지 솔루션 구상은 원전을 통한 에너지 안보와 산업 도약에 방점이 찍혀 있다. AI 시대의 도래는 한동훈이 원전을 강조하는 또 다른 이유이다. 생성형 AI 열풍과 데이터센터의 폭증으로 전력 소비량이 기하급수적으로 늘어나고 있기 때문이다. 한동훈은 "포털 검색과 AI 활용 검색은 전력 소모량에서 큰 차이를 보인다"며, 어떤 나라가 AI 시대를 선도할지는 전력 소모를 어떻게 조절하는지가 결정할 것이라고 말했다. 그는 미국의 사례를 들며, 마이크로소프트MS의 AI 데이터센터 가동을 위해 한때 폐쇄됐던 쓰리마일섬 원전(미국 펜실베이니아주 서스퀘해나 강의 스리마일섬에 위치한 원자력 발전소)까지 재가동하고 있다는 점을 소개했다. 그만큼 안정적인 대용량 전력 공급이 AI 산업 발전의 전제조건이라는 의미이다.

한동훈은 "재생에너지만으로는 AI 산업의 전력 수요를 감당하기 어렵다"며, 결국 원자력이 해법임을 분명히 했다. 또한 전력망 인프라의 병목 현상도 지적한다. 그는 "우리나라는 전력량이 부족한 것은 아니지만 송전망이 문제"라고 밝히며, 노후하고 제한적인 송배전망을 신속히 확충해야 한다고 강조했다. 그래서 국회에서 열린 '디지털 경제 3.0 포럼'에서 "AI 시대를 선도하기 위해선 송전망 문제를 신속히 해결해야 한다"고 역설했는데, 각종 규제 탓에 송전 인프라 구축이 더디다고 진단했다. 한동훈의 지적 그대로, 여야 지도부 또한 실제로 "기간전력망법" 제정 등에 공감대를 이루는 등, AI 시대에 걸맞은 전력 인프라 구축 노력이 가속화되고 있다. 궁극적으로는 원자력발전 증가와 스마트 그리드 혁신이 맞물려, AI 혁신을 뒷받침할 튼튼한 에너지 토대를 구축하겠다는 것이 한동훈 구상의 골자 그대로인 셈이다.

자유보수우파 정권은 지난 문재인 좌파 정권이 저질렀던 탈원전 기간 동안 이탈했던 산업 인력을 다시 모으고, 원자력 마이스터고-원자력대학-대학원에 이르는 전문인력 양성 체계를 강화하고 있다. 정부는 '원전 산업 특별법' 제정을 추진해 원전 생태계를 안정적으로 뒷받침하고, 2050년을 내다본 중장기 로드맵도 마련했다. 이를 통해 어떠한 정치적 환경 변화에도 흔들리지 않고, 꾸준히 산업 기반을 유지·발전시키려는 것이다. 또다시 좌파 정권이

들어서더라도 이 정책은 바뀔 수 없도록 단단하게 못을 박아두 겠다는 의미이다.

　자유 보수우파 정부는 2030년까지 원전 10기 수출을 목표로 내걸고 범정부 차원의 수출 지원에 나섰다. 산업부 산하에 "원전 수출전략추진단"을 꾸려 체코·폴란드 등 원전 도입 추진국과의 협력을 전방위로 지원했다. 그 결과, 2022년에는 이집트 엘다바 원전의 2차측 설비 건설과 루마니아 체르나보더 원전의 삼중수 소 제거설비TRF 사업 등을 수주하며 원전 부분 수출 성과를 올 렸다. 2023년 말에는 한국수력원자력이 체코 두코바니 신규 원 전 건설사업의 우선협상대상자로 선정되어 사실상 수주에 근접 했다. 한동훈은 민주당 일각의 원전 덤핑 수주 주장에 대해 "민 주당 집권 5년간 해외원전 수주 성과는 0"이었음을 상기시키며, 체코 원전 수주를 반드시 성사시켜 국가적 성과로 이어가겠다는 의지를 표명했다.

　이러한 노력의 결실이 실질적인 성과로 나타났다. 대표적인 사례가 아랍에미리트UAE에 수출한 바라카 원자력 발전소이다. 2009년 수주한 UAE 바라카 원전 1~4호기가 2023년까지 모두 준공되어, 2024년 9월 마지막 4호기까지 상업 운전을 시작했다. 이로써 한국형 APR1400 원전 4기를 해외에 성공적으로 건설·운 영한 첫 사례가 완성되었는데, 바라카 4개 호기는 UAE 전력의 25% 공급이라는 놀라운 기록을 세우고 있다. 한국전력 등 국내

기업들이 참여한 '팀코리아'가 예정된 공기를 지키며 사업을 완수함으로써, 한국 원전의 신뢰성과 시공 능력을 세계에 입증했다.

한국이 원전을 미래 에너지 전략의 주축으로 삼을 수 있는 배경에는 세계적 수준의 원전 기술 경쟁력 덕분이다. 한국형 차세대 원전 모델인 APR1400은 이미 국내외에서 그 안전성과 경제성을 인정받았다. 2017년에는 APR1400의 유럽 수출형 모델이 EUR 인증(유럽사업자요건 인증)을 획득하였고, 2019년에는 미국 원자력규제위원회NRC로부터 표준설계 최종 인증을 받는 성과를 거두었다. 프랑스·일본도 이루지 못한 미국 설계인증을 따냈다는 것은, 한국 원전이 세계 최고 수준의 안전 기준 충족이 이루어졌음을 의미한다. 전문가들은 "APR1400의 안전성과 기술성을 확실히 인정받은 것"이라며, "세계 어느 곳에도 한국 원전이 진출할 수 있는 기반이 마련됐다"고 평가했다.

기술력과 더불어 경제성도 한국 원전의 강점으로 꼽힌다. 국내에서 건설된 신한울 1호기는 약 5조 원에 완공되었는데, 이는 동일급 원전을 짓는 해외 프로젝트와 비교해 볼 때 매우 경쟁력 있는 비용이다. 실제로 체코 신규 원전 입찰에서 한국 팀코리아가 제시한 가격은 1기당 약 12조 원 수준으로, 이는 경쟁자인 프랑스 EDF나 미국 웨스팅하우스가 "꿈도 꾸지 못할 가격"이었다고 한다. 그만큼 한국 원전 기업들은 효율적인 건설 능력과 원가관리 역량을 통해 국제 시장에서 가격 경쟁력을 발휘하고 있다.

여기에 수십 년간 24기의 원전을 운영하며 쌓은 운영 경험과 인력, 촘촘한 협력업체 생태계까지 더해져 한국의 원전 산업은 설계-건설-운영-정비에 이르는 전 주기 역량을 갖추고 있다. 이 같은 역량을 바탕으로 한국은 세계 원전 시장에서 미국, 프랑스, 중국, 러시아 등에 필적하는 유망 공급국으로 부상했다.

글로벌 시장 전망도 밝다. 러시아-우크라이나 전쟁 이후 에너지 안보가 중시되면서 유럽을 비롯한 여러 국가가 원전을 재평가하고 있다. 체코 대통령 페트르 파벨은 "한국과 추진 중인 원자력 협력이 향후 유럽 다른 국가들, 특히 중동부 유럽 국가들로까지 확대될 가능성이 크다"고 언급하며, 한국 원전 기술에 대한 신뢰를 드러냈다. 실제로 폴란드, 사우디아라비아, 영국 등도 차세대 원전 도입을 검토하는 과정에서 한국과의 협력을 모색해 왔다. 자유 보수우파 정부에서 중동·유럽 순방에서 원전 세일즈 외교를 펼치고, 한동훈이 원전의 강점을 설파하는 이유도 여기에 있다. 결국 원자력 발전 기술 인프라 구축과 원전 수출을 양대 축으로 하는 한동훈의 미래 에너지 계획은, 국내적으로는 탄소중립과 전력 안정성을 이루고 대외적으로는 에너지 산업의 신성장 동력을 확보하려는 전략으로 볼 수 있다.

원전은 첨단 산업 발전의 토대이자, 기후위기 필수적 대응 카드이며, 이미 오랫동안 축적된 기술력과 성공 사례들을 바탕으로 글로벌 원전 시장에 새로운 활력을 불어넣을 주역으로 기대를 모으고 있다. 한동훈의 미래 에너지 구상은 국가 에너지 안보 강화와 경제적 기회 창출이라는 두 마리 토끼를 잡기 위한 전략적 선택이라 할 수 있으며, 원자력을 중심에 둔 이 청사진이 향후 얼마나 구체적으로 실현될지 주목된다.

11

국민들이 한동훈을
국가 지도자로 원하는 이유

간결하고 직설적인 말투가 주는 신뢰감

한동훈의 가장 큰 매력은 뭐니 뭐니 해도 그의 말투다. 그는
검사 시절부터 복잡한 사안을 간단하게 정리하는 걸 중시했다.
그는 "세 줄로 설명할 수 있어야 한다"는 말을 자주 했는데, 이게
그의 소통 철학의 핵심이다. 정치에 와서도 이 원칙을 그대로 가
져왔다. 국민들이 이해하기 어렵게 장황하게 늘어뜨리는 대신, 핵
심만 딱 찔러서 말한다. 예를 들어, 복잡한 정치적 갈등이나 사회
문제에 대해 이야기할 때 "이건 이런 이유로 문제고, 이렇게 하면
해결될 수 있다"는 식으로 간단히 정리해서 던진다. 이게 사람들
한테 굉장히 신선하게 다가간다.

지금 정치판을 보면 말만 길고 실속 없는 경우가 많다. 두루 뭉술하게 책임은 회피하면서 감정 호소로만 사람들을 끌어가려는 모습에 많은 국민이 피로감을 느낀다. 한동훈은 그런 모습과는 확연히 다르다. 군더더기 없이 직설적으로 말하는 스타일이 "이 사람 말 들으면 머리가 정리된다"는 느낌을 준다. 특히 바쁜 일상에서 뉴스를 깊이 파고들 시간이 없는 사람들한테 이런 간결함은 큰 장점이다. 복잡한 걸 쉽게 풀어주는 능력이 신뢰로 이어지는 것이다.

그는 또 "이름을 가리고 봐도, 기름기를 빼고 봐도 정당성이 있어야 한다"는 원칙을 자주 언급한다. 이게 그의 말에 무게를 더한다. 어떤 주제든 감정적이거나 편파적으로 치우치지 않고, 상식적인 논리로 접근하려는 태도가 느껴진다. 예를 들어, 경제 위기나 사회 갈등 같은 민감한 사안을 다룰 때, 그는 "국민의 입장에서 보면 이렇게 해야 맞지 않나?" 하는 식으로 논리를 세운다. 이런 방식이 사람들에겐 "저 사람은 진짜 우리를 생각해서 말하는구나"라는 믿음을 준다.

그의 말투는 단순히 간결하기만 한 게 아니다. 그 안에는 단단한 자신감이 깔려 있다. 검사로서 수많은 사건을 다루며 쌓아온 경험에서 나오는 자신감이다. 그래서인지 그가 말할 때 어물쩍 넘어가는 법이 없다. 국민들이 정치인한테 기대하는 건 뭐겠나? 말만 번지르르하게 하지 말고, 할 말은 제대로 하고 책임도

질 줄 아는 모습이다. 한동훈은 그런 기대를 어느 정도 충족시켜 주는 정치인이다. 물론 모든 사람이 그의 말을 다 좋아하는 건 아니다. 하지만 적어도 그의 소통 방식이 진솔하고 담백하게 다가 간다는 점은 분명하다.

이런 간결함은 정책 설명에서도 빛을 발한다. 복잡한 경제 정책이나 법률 이슈를 다룰 때 전문 용어로 사람들 머리만 아프게 하지 않고, 누구나 고개를 끄덕일 수 있는 언어로 풀어낸다. 예를 들어, 고물가 문제 같은 걸 다룰 때 "지금 물가가 이렇게 뛰니까 서민이 힘들다. 그러니까 이런 방향으로 가야 한다"는 식으로 인과 관계를 쉽고 명확하게 풀어서 대안을 제시한다. 그의 이러한 화법이 "저 사람은 우리 상황을 진짜 아는구나"라는 공감을 불러일으킨다. 그의 소통 방식이 한동훈을 원하는 이유 중 하나로 꼽히는 건 이런 점 때문이다.

그리고 한동훈의 이런 스타일은 단순히 듣기 편한 데 그치지 않는다. 그의 말에는 실천 가능성이 담겨 있다는 느낌이 있다. 정치인들이 흔히 하는 공허한 약속과는 달리, 그가 하는 말은 실현 가능성이 있어 보인다. 예를 들어, 범죄나 부패 같은 문제를 다룰 때 검사로서의 경험을 살려 구체적인 방향을 제시한다. 이런 점이 사람들한테 "저 사람 말은 믿어도 되겠다"는 신뢰를 더한다. 그의 말투는 단순히 간결한 데서 끝나는 게 아니라, 그 안에 담긴 논리와 실현 가능성이 국민들의 마음을 사로잡는다.

보수든 중도든 다 끌어안으려는 포용력

한동훈이 국민들에게 주목받는 또 다른 이유는 보수와 중도 사이에서 균형을 잡으려는 태도다. 그는 원래 보수층에서 강한 지지를 받아왔다. 특히 운동권 출신 정치인들에 대한 반감을 숨기지 않고 강하게 비판하면서, 보수 지지자들 사이에서 "이 사람 우리 목소리를 대변한다"는 공감을 얻었다. 보수층 입장에서는 이런 단호한 모습이 매력적이다. 최근 몇 년간 보수 진영이 방향성을 잃고 갈팡질팡하는 느낌이 있었는데, 한동훈이 나서서 목소리를 내니까 다시 뭉칠 수 있는 계기가 되었다는 평가도 나온다.

하지만 한동훈은 여기서 멈추지 않는다. 그는 보수층만 잡고 가려는 게 아니라 중도층까지 끌어안으려는 시도를 계속한다. 이게 그의 큰 장점 중 하나다. 우리나라 정치가 보수와 진보로 극단적인 양극화를 보여 서로 으르렁대는 판에, 중간에 낀 사람들은 "도대체 누구 말을 들어야 하나" 하며 갈 곳을 잃었다. 한동훈은 그 틈을 파고들어서 "보수든 중도든 다 아우를 수 있는 사람"이라는 이미지를 만들려는 것이다. 물론 이게 말처럼 쉬운 일은 아니다. 중도층을 잡으려다 보수층이 등을 돌릴 수도 있고, 반대로 보수층만 신경 쓰다 중도층이 멀어질 수도 있으니까.

실제로 그는 이 과정에서 어려움을 겪기도 했다. 윤석열 대통령과의 갈등이나 탄핵 정국에서 리더십 논란이 불거지면서 중도층 확장이 좀 주춤했다는 평가가 나왔다. 정치 전문가들 사이에서도 "그의 중도층 포용 능력이 유승민이나 오세훈에 비해 부족하다"는 이야기가 돌았다. 그럼에도 한동훈은 계속해서 균형을 잡으려는 노력을 멈추지 않는다. 이런 시도가 국민들한테 "저 사람이라면 양쪽 다 생각하면서 정치할 지도자"라는 기대를 거두지 않도록 하는 것이다.

국민들의 입장에서는 이런 포용력은 희망적으로 보인다. 보수 지지자들은 "운동권에 단호하게 맞서는 모습이 좋다"고 하면서도, 그가 너무 극단으로 치우치지 않는 점을 높이 산다. 중도층은 "저 사람은 보수적이지만 너무 강경하지 않아서 안심된다"는 반응을 보인다. 정치가 자꾸 싸움판으로 흐르니까, 한동훈처럼 통합을 시도하는 모습이 사람들에게는 새롭고 긍정적으로 다가가게 마련이다. 아직 완벽하게 성공한 건 아니지만, 이런 태도가 국민들에게 "한동훈이라면 뭔가 달라질 수 있겠다"는 믿음을 심어주는 것이다.

그는 이런 균형을 잡으려는 과정에서 자기만의 정치적 색깔을 만들어 나가려 한다. 그런 모습에서 보수 진영의 대변인으로 머물지 않고, 더 넓은 지지층을 포괄하는 리더로 자리 잡으려는 의지가 엿보인다. 예를 들어, 경제 문제나 사회 갈등 같은 주제를 다룰 때 보수적 가치관을 유지하면서도 중도층이 공감할 만한 현실적인 해결책을 제시하려 한다. 이런 접근이 국민들의 눈에

"저 사람은 한쪽으로 치우치지 않고 전체를 보려는구나"라는 인상을 준다.

더구나 그는 이런 태도를 통해 정치적 갈등을 줄이고 통합된 사회를 만들려는 비전을 보여준다. 지금 한국 정치에서 가장 필요한 게 무엇인가. 그것은 서로 이해하고 협력할 수 있는 분위기일 것이다. 한동훈의 그 가능성을 보여주려는 노력 자체가 사람들에게 매력으로 다가간다. 물론 갈 길이 멀고 해결해야 할 과제도 많다. 하지만 이런 포용력을 바탕으로 한 정치적 태도가 한동훈을 지지하고 싶은 이유로 작용한다.

그리고 그는 이런 균형을 잡는 과정에서 자신만의 정치적 스타일을 만들어 가고 있다. 보수와 중도 사이에서 단순히 중간만 찾는 게 아니라, 양쪽의 장점을 결합해 새로운 길을 제시하려는 모습이 보인다. 이런 시도가 성공적으로 자리 잡으면, 그는 단순한 정치인이 아니라 통합의 상징으로 기억될지도 모른다. 이런 가능성이 국민들의 마음에 "한동훈이 필요한 사람"이라는 생각을 심어준다.

깔끔하고 세련된 이미지가 주는 호감

한동훈을 얘기할 때 빠질 수 없는 게 바로 그의 외적 이미지다. 솔직히 말해서 정치인한테 외모나 스타일이 뭐 그리 중요하냐싶을 수도 있다. 근데 현실적으로 이게 사람들 마음을 움직이는데 꽤 큰 역할을 한다. 한동훈은 키 크고 마른 체형에 패션 감각도 나쁘지 않다. 옷을 잘 차려입고 다니는 모습이 세련된 느낌을 주고, 동안 외모까지 더해지니까 딱 봤을 때 "저 사람 좀 멋지다"는 인상이 풍긴다. 정치인들 중에 이런 매력을 가진 사람이 많지 않다 보니 자연스럽게 눈에 띄는 것이다.

하지만 단순히 잘생겼다거나 옷 잘 입는다고 호감 가는 게 아니다. 그를 더 빛나게 하는 건 그의 생활 방식이나 태도가 아닐까한다. 그는 체질적으로 술을 못 마신다고 알려져 있다. 이게 자연스럽게 "청렴하다"는 인상으로 연결된다. 정치인들을 보면 술자리에서 뒷얘기하고 이상한 거래나 하는 이미지가 떠오르는 경우가많다. 한동훈은 그런 모습과 거리가 멀어 보인다. 그래서 사람들이 "저 사람은 깨끗할 것 같다"는 믿음을 갖게 된다. 이게 보수층뿐만 아니라 젊은 층이나 중도층한테도 먹히는 포인트라고 할 수있다.

이런 이미지가 국민들에게 중요한 이유는, 과연 그 정치인을정책만큼이나 "인간적으로 믿을 수 있느냐"를 많이 따지기 때문이다. 한동훈은 세련된 외모와 청렴한 태도가 합쳐져서 신뢰감을 준다. 예를 들어, 그가 무슨 정책을 발표하거나 연설할 때도 "저렇게 깔끔한 사람이니까 진짜 국민 생각해서 하겠지"라는 생각이 들게 만든다. 단순히 외모만 좋은 게 아니라, 그 이미지가 그의 메시지와 잘 맞아떨어지면서 더 큰 호감을 주는 것이다.

게다가 그는 이런 이미지를 정치적 자산으로 잘 활용한다. 대중 앞에 설 때 항상 단정하고 프로페셔널한 모습을 유지하려고 노력한다. 특히 젊은층은 이런 점에 잘 이끌린다. 정치인들 하면 나이 많고 고리타분한 이미지가 떠오르는데, 한동훈은 좀 더 현대적이고 트렌디한 느낌을 준다는 점이 다르다. 요즘 정치에 관심을 갖는 젊은이들이 늘어나면서, 이런 외적 매력이 더 중요해진 측면도 있다. 사람들이 한동훈을 보면서 "저 사람 좀 다르다"는 느낌을 받는 것도 이런 이유 때문이다.

이런 이미지는 그의 정치적 메시지에 신뢰를 더하는 역할을 한다. 정책이나 비전을 얘기할 때도 그의 깔끔한 이미지가 뒷받침되니까 더 설득력이 생기는 것이다. 국민의 입장에서는 "저렇게 깨끗해 보이는 사람이 나쁜 짓 하겠나"라는 심리적 안도감도 생긴다. 물론 외모나 이미지만으로 정치인을 판단할 순 없다. 하지만 한동훈의 경우, 이게 그의 다른 장점들과 결합하면서 더 큰 매력으로 작용한다.

더 나아가 그의 이미지는 단순히 외적인 것에서 끝나는 게 아니라 그의 태도와도 연결된다. 그는 공적인 자리에서 항상 차분하고 절제된 모습을 보여준다. 감정적으로 폭발하거나 경솔한 행동을 보이는 일이 거의 없다. 이것은 사람들에게 "저 사람은 자기관리를 잘하는구나"라는 인상을 준다. 정치인에게 중요한 건 무엇보다 말과 행동에서 신뢰를 주는 것이다. 한동훈은 이런 이미지를 통해 그 신뢰를 더 단단히 쌓아가는 것이다.

그리고 그의 세련된 이미지는 단순히 개인적인 매력으로 끝나는 게 아니라, 그가 속한 정당이나 진영의 이미지를 끌어올리는 데도 기여한다. 보수 진영이 종종 구태의연하다는 비판을 받는데, 한동훈 같은 인물이 전면에 나서면서 "보수도 이렇게 젊고 현대적일 수 있다"는 메시지를 준다. 이런 점이 국민들에게 "한동훈은 좀 새롭다"는 느낌을 주고, 그를 지지하고 싶은 이유로 이어진다.

새로운 리더십으로 희망을 주는 비전

마지막으로 한동훈이 국민들에게 사랑받는 이유는 그가 새로운 리더십을 보여주려는 태도에 있다. 그는 윤석열 대통령 밑에서 정치적 기반을 쌓았지만, 점점 자신만의 길을 걷겠다는 의지를 드러낸다. "국민이 먼저다"라는 슬로건을 내세우며 기존 정치인들과 다른 길을 가겠다는 비전을 제시한다. 이것은 "저 사람이라면 뭔가 바꿀 수 있지 않을까"라는 기대를 심어준다.

그의 비전은 보수층을 단단히 잡으면서도 중도층까지 포괄하려는 데 초점이 맞춰져 있다. 이것은 쉽지 않은 과제다. 보수층은 강경한 목소리를 원하는 반면, 중도층은 너무 극단적인 태도를 경계하니까. 한동훈은 이 두 가지를 다 해내려고 계속 도전 중이다. 예를 들어, 이재명 같은 야당 리더와 대립하면서 자기 존재감을 키우고, 국민의힘 안에서 대선 주자로 떠오르려는 전략을 세운다. 이런 모습이 "저 사람은 자기 색깔이 분명하다"는 인상으로 국민들에게 비치는 것이다.

국민들 입장에서는 이런 모습이 새롭고 희망적으로 보인다. 기존 정치판이 너무 구태의연하고 서로 싸우기만 해서 질린 사람들이 많다. 한동훈은 그 틈을 파고들어 "나를 통해 정치가 바뀔 수 있다"는 메시지를 던진다. 물론 지지율이 떨어지거나 리더십 논란이 불거진 적도 있다. 탄핵 정국에서 리더십 부족이라는 비판도 받았고, 윤석열 대통령과의 갈등으로 이미지가 좀 흔들리기도 했다. 하지만 이런 어려움 속에서도 묵묵히 계속 자기 길을 밀고 나가며 자신만의 메시지를 던진다.

사람들은 한동훈을 보면서 "저 사람이라면 정치가 좀 더 나아질지도"라는 기대를 품는다. 그가 독자적인 리더십으로 국민 중심의 정치를 하겠다고 다짐하는 모습은, 변화를 바라는 이들

결국, 한동훈

에게 큰 매력으로 다가간다. 아직 갈 길이 멀고 넘어야 할 산도 많다. 하지만 이런 비전과 도전이 국민들에게 "한동훈이 필요하다"는 생각을 심어주는 것이다.

그리고 그는 이런 비전을 구체적으로 보여주려는 시도를 계속한다. 말로만 "국민이 먼저다" 이러는 게 아니라, 정책 제안이나 정치적 행보에서 국민들 삶에 실질적으로 도움이 되는 방향을 고민하려는 태도를 유지한다. 예를 들어, 경제 문제나 사회 갈등 같은 주제를 다룰 때, 그는 "이건 국민들에게 직접적인 영향을 미친다"는 관점에서 접근한다. 이런 점이 "저 사람은 진짜 실질적인 변화를 만들려는구나"라는 진심으로 다가온다.

더 나아가 그는 현상 유지에 머물지 않고 새로운 가치를 창출하려는 의지를 멈추지 않는다. 예를 들어, 기존 정치인들이 놓치기 쉬운 젊은 세대의 목소리 반영을 시도하며, 그들의 경제적 어려움이나 사회적 불평등 같은 문제에 깊은 관심을 보이는 등 그들의 입장을 대변하려는 태도를 준수한다. 이런 점에서 젊은층은 자신들의 이야기를 들어주는 정치인으로 한동훈을 주목하는 것이다.

또한 그의 리더십은 단순히 국내 문제에만 국한되지 않는다. 그는 국제적인 감각을 갖춘 정치인이다. 글로벌 이슈나 외교 문제에 대해 언급할 때도 해박한 지식으로 상식적이고 현실적인 접근을 보여 큰 그림을 그릴 줄 아는 정치인의 면모를 보인다. 그는 단순히 국내 정치에만 몰두하지 않는다. 더 넓은 시야를 가지려는 글로벌적인 인식은 그의 비전을 더 돋보이게 한다. 앞으로 그의 행보가 어디로 향할지 모르지만, 지금, 이 순간 국민들이 그를 원하는 이유는 분명하다.

한동훈이 남긴 어록들

한동훈은 법조인에서 정치인으로 변신하며 대한민국에 강렬한 족적을 남겼다. 그의 말 한마디 한마디는 단순한 발언을 넘어, 때로는 격렬한 논쟁을 불러일으키고, 때로는 국민의 가슴을 뜨겁게 달구는 메시지로 울려 퍼졌다. 정의를 향한 불굴의 집념, 권력에 맞선 단호한 용기, 그리고 국민을 향한 진심 어린 약속이 담긴 그의 어록은 단순한 기록이 아니라, 한 시대를 뒤흔든 이야기로 엮일 만하다. 이 장에서는 한동훈의 대표적인 발언들을 주제별로 묶어, 그의 생각이 어떻게 행동으로 이어졌고, 또 어떤 파장을 일으켰는지 자세히 들여다보고자 한다. 한동훈의 목소리를 통해 대한민국의 현재를 반추하고, 미래를 상상해 보는 흥미진진한 탐험이 시작된다. 한동훈의 세계로 함께 뛰어들어보자.

정의와 공정, 그의 불변의 신념

한동훈의 정치적·법조적 여정은 "정의"와 "공정"이라는 두 단어로 요약될 수 있다. 그는 이 원칙을 단순히 구호로 외친 것이 아니라, 자신의 경력을 걸고 실천하려 했다. 그의 발언들은 법 앞에 만인이 평등해야 한다는 신념을 생생히 담고 있으며, 이는 그의 검사 시절부터 정치인으로 변신한 이후까지 일관되게 이어졌다.

"국민이 원하는 진짜 검찰 개혁, 진짜 형사사법시스템 개혁은 사회적 강자도 엄정하게 수사할 수 있는 공정한 시스템을 만드는 것이다. 이 지구상에는 그럴 수 있는 나라가 있고 그럴 수 없는 나라가 있지만, 대한민국은 그럴 수 있는 나라여야만 한다. 대한민국 국민은 짧은 시간에 민주화와 산업화를 동시에 이룬 위대한 사람들이고 그런 공정한 시스템을 가질 자격이 충분한 사람들이기 때문이다."

(2022/05/17, 법무부장관 취임사)

이 발언은 한동훈이 법무부장관으로 취임하며 국민 앞에 내놓은 첫 다짐이었다. 그는 검찰이 약자를 위한 방패가 되고, 권력자도 예외 없이 심판받는 시스템을 만들어야 한다고 역설했다. 이 말은 단순한 이상론이 아니었다. 그는 조국 전 장관 수사, 이명박 전 대통령 수사 등 굵직한 사건들에서 "권력의 사냥개"가

되기를 거부하며, 자신의 신념을 증명하려 했다. 조국 수사는 정치적 폭풍을 몰고 왔고, 그로 인해 좌천과 보복을 감수해야 했지만, 그는 흔들리지 않았다. 이 발언은 국민에게는 정의에 대한 희망을, 기득권층에는 공정함에 대한 두려움을 안겼다. 과연 그는 이 약속을 끝까지 지킬 수 있을까? 그의 행보는 매 순간 그 질문에 답을 찾아가는 과정이었다.

하지만 이 발언의 맥락을 더 깊이 들여다보면, 그가 직면했던 현실이 얼마나 험난했는지 알 수 있다. 당시 대한민국은 정치적 양극화가 극에 달해 있었고, 검찰은 정권의 도구로 이용되거나 반대로 정치적 보복의 대상이 되기 일쑤였다. 한동훈은 이런 상황에서 "공정한 시스템"이라는 이상을 현실로 만들기 위해 싸웠다. 그는 취임 후 검찰의 정치적 중립성을 강조하며, 수사와 기소의 공정성을 강화하려는 개혁안을 추진했다. 이 과정에서 그는 정치권과 언론의 거센 반발에 부딪혔지만, "국민이 자격이 있다"는 믿음을 끝까지 놓지 않았다.

> "법무부의 목적은 지금까지 이민 관련 난제에 답하지 않았던 정부의 입장을 바꾸는 것이다. 우수 외국인을 유치하되, 불법 체류자는 엄격히 단속해 늦지 않게 백년대계를 만들겠다."
>
> (2022/10/06, 국회 법제사법위원회 법무부 국정감사)

법무부장관으로서 그는 정의와 공정을 넘어 실용적인 정책으로 약자를 보호하려 했다. 이 발언은 이민 정책에 대한 그의 균형 잡힌 접근을 보여준다. 그는 글로벌 인재를 끌어들이는 동시에 불법 체류 문제를 해결함으로써, 법치와 공정을 바탕으로 한 국가의 장기적 발전을 도모했다. 이 말은 단순한 정책 제안이 아니라, 대한민국의 미래를 위한 그의 비전을 담고 있다. 당시 한국은 저출산과 인구 감소로 인한 노동력 부족 문제를 겪고 있었고, 이민 정책은 뜨거운 논쟁거리였다. 한동훈은 이 복잡한 문제를 해결하기 위해 "백년대계"라는 큰 그림을 제시하며, 현재의 이익을 좇지 않고 미래를 준비하려는 의지를 드러냈다.

　　그의 이민 정책은 단순히 말로 그치지 않았다. 그는 법무부 내에 전담팀을 구성해 이민 관련 법규를 재검토하고, 외국 인재 유치를 위한 구체적인 방안을 마련했다. 예를 들어, 우수 인재 비자 제도를 개선하고, 불법 체류자 단속을 강화하기 위한 국제 공조를 추진했다. 이런 노력은 일부 보수층으로부터 "너무 엄격하다"는 비판을, 진보층으로부터 "외국인을 배척한다"는 비판을 받았지만, 그는 흔들리지 않았다. 그는 "공정함이란 모두에게 같은 기회를 주는 것"이라며 자신의 정책을 변호했고, 이는 그의 정의에 대한 철학이 정책으로 구현된 사례였다.

　　"3개월간 수사한 결과, 이 전 대통령이 주식회사 다스의 실소유주라는 사실을 확인했다. 다스 회삿돈 약 349억 원을 횡령하고 법인세 약 31억 원을 포탈한 사실도 확인했다. 검찰은 이명박 전 대통령을 특정 범죄가중처벌법에 관련한 뇌물수수, 조세 포탈, 국고 손실, 특정경제 범죄가중처벌 등에 관한 법률상 업무상 횡령, 형법상 직권남용 권리 행사 방해, 정치자금법 위반, 대통령기록물 관리에 관한 법률 위반 등으로 구속기소했다. 공소 유지 전담팀을 구성해 죄에 합당한 판결 이 선고될 수 있도록 최선을 다하겠다."

(2018/04/09, 이명박 전 대통령 관련 수사 경과 발표)

이 발언은 한동훈이 검사로서 권력형 비리를 엄정하게 다루 겠다는 의지를 보여주는 결정적인 순간이었다. 이명박 전 대통령 의 다스 실소유주 논란은 한국 사회를 오랫동안 뒤흔든 사건이 었다. 수백억 원에 달하는 횡령과 조세 포탈 혐의는 단순한 경제 범죄를 넘어, 권력의 오만함과 부패를 상징하는 사례로 여겨졌다. 한동훈은 이 사건을 통해 "법 앞에 만인은 평등하다"는 원칙을 실천하려 했다. 그는 수사 결과를 발표하는 데 그치지 않고, 공소 유지 전담팀을 구성해 끝까지 책임을 묻겠다는 결의를 밝혔다.

이 사건은 한동훈에게도 큰 도전이었다. 이명박 전 대통령은 집권 여당의 거물이었고, 그의 수사는 정치적 파장을 일으켰다. 당시 보수 진영에서는 "정치 보복"이라며 반발했고, 진보 진영에 서는 "과거 청산"이라며 지지했다. 한동훈은 이런 양극화된 반응 속에서도 "법과 증거에 따라 움직였다"는 입장을 고수했다. 그는 수사 과정에서 수많은 압박과 협박을 받았지만, "정의는 공짜가 아니다"는 신념으로 이를 이겨냈다. 이 발언은 국민에게 법치주의의 중요성을 일깨웠고, 그의 이름이 대중에게 깊이 각인되는 계기가 되었다.

> "유전 불구속, 무전 구속(부자는 불구속, 가난하면 구속)이라는 말이 생길까 우려된다."
>
> (2015/04/28, 장세주 동국제강 회장에 대한 구속영장 재청구 방침을 밝히며)

이 발언은 한동훈이 사회적 약자를 보호하고 법의 공정성을 지키려는 의지를 드러낸다. 장세주 동국제강 회장 사건은 재벌 총수에 대한 수사로, 경제적 지위에 따라 법 적용이 달라진다는 비판을 해결하려는 그의 결단을 보여준다. 당시 한국 사회에서는 "돈 있으면 풀려난다"는 인식이 팽배했고, 이는 사법 시스템에 대한 불신으로 이어졌다. 한동훈은 이 사건을 통해 법 앞의 평등을 실천하려 했다. 그는 구속영장을 재청구하며 "법은 모두에게 공정해야 한다"는 메시지를 분명히 전달했다.

이 사건은 단순한 수사로 끝나지 않았다. 한동훈의 결정은 재벌과 권력층에 경고를 던졌고, 동시에 국민들에게 법 집행의 공정성에 대한 기대를 심어주었다. 그러나 이 과정에서 그는 재계와 정치권으로부터 강한 반발을 마주해야 했다. 일부에서는 그를 "너무 강경하다"고 비판했지만, 그는 "법의 원칙을 지키는 것이 검사로서의 의무"라며 물러서지 않았다. 이 발언은 그의 정의에 대한 집념과 검사로서의 단호함을 보여주는 상징적인 순간으로 남았다.

> "법은 누구에게나 공평해야 한다. 권력과 돈이 법을 비웃는 순간, 국민의 신뢰는 무너진다."
>
> (2019/07/10, 윤석열 검찰총장 후보자 인사청문회 준비 과정에서)

이 발언은 한동훈이 윤석열 당시 검찰총장 후보자와 함께 조국 수사를 준비하며 했던 말이다. 그는 권력과 자본이 법을 왜곡하는 현실을 비판하며, 국민의 신뢰를 지키는 것이 법조인의 최우선 과제라고 강조했다. 이 말은 조국 수사라는 정치적 폭풍의 전조였고, 이후 한동훈이 어떤 길을 걷게 될지 예고하는 듯했다. 그는 이 신념을 바탕으로 수사에 임했고, 이는 그의 경력에 큰 전환점을 만들었다. 이 발언은 단순한 선언이 아니라, 그의 법조 철학을 집약적으로 보여주는 말로 평가된다.

이처럼 한동훈의 "정의와 공정"에 대한 어록은 그의 검사 시절부터 장관, 정치인으로서의 삶까지 관통하는 핵심 주제다. 그는 말뿐 아니라 행동으로 이를 증명하려 했고, 그 과정에서 수많은

논란과 갈등을 감내했다. 그의 발언은 단순히 법조인의 다짐이
아니라, 대한민국 사법 시스템과 사회 전반에 던진 도전이었다.

권력에 굴하지 않는 검사 본능

한동훈의 이름이 대중에게 각인된 것은 그가 권력에 맞서 보
여준 단호한 태도 덕분이다. 그는 "권력의 사냥개"가 되기를 거부
하며, 법과 원칙에 따라 움직이는 "국민의 검사"로 자리 잡았다.
그의 발언들은 단순한 말 이상의 무게를 지니며, 때로는 정치적
폭풍을 일으켰고, 때로는 국민의 지지를 얻었다.

"권력이 물라는 것만 물어다 주는 사냥개를 원했다면 나를 쓰지 말
았어야 했다. 그들이 환호하던 전직 대통령들과 대기업들 수사 때나
욕하던 조국 수사 때나 저는 똑같이 할 일 한 거고 변한 게 없다."

(2021/02/15, 조선일보 인터뷰)

이 발언은 한동훈의 강단과 원칙을 단적으로 보여준다. 그는
권력의 눈치를 보지 않고, 자신이 옳다고 믿는 길을 걸었다. 조국
수사는 그의 경력에서 가장 논란이 된 사건 중 하나였다. 이 수
사로 인해 그는 정치적 보복을 감수해야 했고, 결국 검사직에서

결국, 한동훈

좌천되었다. 하지만 그는 "변한 게 없다"며 자신의 일관성을 강조했다. 이 말은 단순한 변명이 아니라, "검찰은 국민의 편에 서야 한다"는 그의 철학을 담고 있다.

조국 수사는 단순한 법적 사건이 아니었다. 이는 정치적 진영 간의 전쟁으로 비화되었고, 한동훈은 그 중심에 섰다. 진보 진영은 그를 "정치 검사"로 몰아세웠고, 보수 진영은 그를 "영웅"으로 추앙했다. 그러나 그는 이런 평가에 흔들리지 않았다. 그는 "할 일을 했을 뿐"이라며 담담히 자신의 길을 걸었다. 이 발언은 그의 용기와 결단력을 보여주며, 많은 이들에게 깊은 인상을 남겼다.

> "윤석열 총장이나 저나 눈 한 번 질끈 감고 조국 수사 덮었다면 계속 꽃길이었을 것이다. 권력의 속성상 그 수사로 검사 경력도 끝날 거라는 거 모르지 않았다. 그 사건 하나 덮어버리는 게 개인이나 검찰의 이익에 맞는 아주 쉬운 계산 아닌가. 그렇지만 그냥 할 일이니까 한 거다. 직업윤리다." (2021/02/15, 조선일보 인터뷰)

이 발언은 한동훈이 조국 수사를 선택하며 어떤 위험을 감수했는지 생생히 보여준다. 당시 윤석열 검찰총장과 함께 그는 정권의 핵심 인물을 수사하며 엄청난 압박에 직면했다. 수사를 덮는다면 개인적 안정과 출세가 보장되었을지도 모른다. 하지만 그는 "직업윤리"라는 단어를 들어 그 선택을 정당화했다. 이 말은 단순히 자신의 결정을 변호하는 데 그치지 않았다. 이는 공직자로서의 책임과 정의를 향한 그의 신념을 드러내는 강렬한 선언이었다.

이 수사의 여파는 너무도 컸다. 한동훈은 검사로서의 경력이 위태로워졌고, 결국 사법연수원으로 좌천되었다. 그러나 그는 이를 "예상했던 일"이라며 담담히 받아들였다. 그의 선택은 개인적 손실을 감수하면서도 국민을 위한 길을 택한 것이었다. 이 발언은 그의 강인한 정신력과 원칙을 보여주며, 많은 이들에게 감동을 주었다.

> "20년 전 첫 출근한 날에 내가 평생 할 출세는 다 했다고 생각하고 살아왔다. 상식과 정의는 공짜가 아니니 억울해할 것도 없다. 권력의 보복을 견디는 것도 검사 일의 일부이니 담담하게 감당하겠다."
> (2021/06/04, 검찰 인사에서 사법연수원 부원장으로 전보된 뒤 언론에 보낸 메시지)

이 발언은 한동훈이 권력의 보복을 감수하면서도 흔들리지 않는 모습을 보여준다. 조국 수사 이후 그는 사법연수원으로 밀려났고, 이는 명백한 정치적 보복으로 해석되었다. 그러나 그는 이를 "검사 일의 일부"라며 담담히 받아들였다. "상식과 정의는 공짜가 아니다"는 말은 그가 치른 대가를 인정하면서도, 그 길을 후회하지 않는다는 뜻을 담고 있다.

이 좌천은 한동훈에게 큰 시련이었지만, 동시에 그의 이미지를 더욱 강렬하게 만들었다. 국민들은 그를 "권력에 굴하지 않는 검사"로 기억하기 시작했다. 그는 사법연수원에서도 법조 교육에 헌신하며, 자신의 신념을 이어갔다. 이 발언은 그의 강인함과 공직자로서의 자부심을 보여주는 또 하나의 증거였다.

> "정치 검사의 출세는 지난 3년이 가장 심했다. 그런 과오를 범하지 않기 위해 최선을 다하겠다."
>
> (2022/05/19, 국회 예산결산특별위원회 종합정책질의)

법무부장관으로서 그는 검찰의 정치적 중립성을 회복하려는 의지를 밝혔다. 이 발언은 과거 정권에서 정치적 편향을 가진 검사들이 출세했다는 비판을 인정하며, 이를 바로잡겠다는 다짐을 담고 있다. 그는 검찰이 권력의 도구가 아닌 국민의 기관으로 거듭나야 한다고 믿었다. 이 말은 검찰 개혁에 대한 강력한 다짐이자 방향을 제시하는 중대한 선언이었다.

그는 장관 시절 검찰의 수사권 조정과 정치적 중립성을 강화하는 개혁을 추진했다. 이는 정치권의 강한 반발을 불러일으켰지만, 그는 "검찰은 국민만을 위해 존재한다"는 원칙을 고수했다. 이 발언은 그의 리더십과 신념을 보여주며, 검찰 개혁에 대한 국민적 논의를 촉발했다.

"검찰은 국민의 편에 서야 한다. 권력의 눈치를 보는 순간, 우리는 국민을 배신하는 것이다." (2020/10/22, 대검찰청 국정감사 준비 과정에서)

이 발언은 한동훈이 조국 수사와 윤석열 총장과의 갈등 속에서 했던 말이다. 그는 검찰이 권력에 휘둘리지 않고 국민을 위해 일해야 한다고 강조했다. 이 말은 그의 검사로서의 철학을 집약적으로 보여주며, 이후 그의 정치적 행보에서도 일관된 신념으로 이어졌다. 그는 이 신념을 바탕으로 권력과 맞섰고, 이는 그의 이름이 역사에 남는 이유가 되었다.

한동훈의 "권력에 굴하지 않는 검사 본능"은 그가 살아온 삶 자체였다. 그는 말과 행동으로 이를 증명하며, 대한민국 사법사에 깊은 흔적을 남겼다.

비상계엄과 탄핵, 운명을 건 대립

2024년 12월, 대한민국은 한동훈의 목소리로 다시 한번 뜨겁게 달궈졌다. 윤석열 대통령의 비상계엄 선포는 국민을 충격에 빠뜨렸고, 한동훈은 이 사태의 중심에서 운명을 건 대립을 선택했다. 그의 발언들은 단순한 정치적 입장이 아니라, 민주주의를 지키려는 몸부림이었다.

"대통령의 비상계엄 선포는 잘못된 것. 국민과 함께 막겠다."

(2024/12/03, 비상계엄 선포 직후 입장문)

윤석열 대통령이 비상계엄을 선포한 그날 밤, 한동훈은 국민의힘 당대표로서 즉각 반기를 들었다. 그는 이를 "위헌·위법"이라며 단호히 비판했고, 국민과 함께 이를 저지하겠다고 선언했다. 그는 이 발언의 여파를 떠나 헌법적 가치, 그리고 국민과 국가를 위해 결연하게 목소리를 높인 것이다. 그는 "질서 있는 대통령의 조기 퇴진으로 혼란을 최소화하겠다"(2024/12/08)며 국민을 안심시키려 했고, "탄핵으로 직무 집행을 정지시키는 것이 유일한 방법"(2024/12/12)이라며 결단을 내렸다.

이 대립은 한동훈에게 정치적 생명을 건 도박이었다. 당내에서는 "대통령을 배신했다"는 비판이 쏟아졌고, 그의 리더십은 시험대에 올랐다. 그러나 그는 "국민이 최우선"이라며 물러서지 않았다. 이 발언은 그의 용기와 결단력을 보여주며, 대한민국 민주주의의 중대한 전환점을 상징하게 되었다.

"아무리 우리 당에서 배출한 대통령이 한 것이라도 우리가 군대를 동원한 불법 계엄을 옹호하는 것처럼 오해받는 것은 산업화와 민주화를 동시에 해낸 위대한 이 나라와 국민을, 보수의 정신을, 우리 당의 빛나는 성취를 배신하는 것이다." (2024/12/15, 당대표 사퇴 기자회견)

이 발언은 한동훈이 정치적 진영을 넘어 법치와 민주주의를 지키려는 의지를 보여준다. 그는 비상계엄을 옹호하는 것이 보수의 가치를 배신하는 것이라며, 자신의 소신을 굽히지 않았다. 이 말은 단순한 정치적 입장이 아니라, 대한민국의 역사적 성취를 지키려는 그의 신념을 담고 있다.

그는 당대표직을 내려놓으며 이 발언을 남겼다. 이는 그의 정치적 희생을 상징하며, 동시에 그의 결단이 얼마나 무거운 것이었는지를 잘 보여준다. 이 발언은 많은 이들에게 감동을 주었고, 그의 이미지를 "민주주의 수호자"로 재정의했다.

"오늘의 결과를 대단히 무겁게 받아들인다."

(2024/12/14, 윤석열 대통령 탄핵소추안 국회 본회의 의결 후)

탄핵소추안이 국회에서 의결된 날, 한동훈은 이 발언으로 국민의 뜻을 존중한다는 입장을 밝혔다. 그는 정치적 혼란 속에서도 책임 있는 리더로서의 모습을 보여주었다. 이 발언에는 민주주의의 기본 원칙을 지키려는 그의 굳은 의지를 드러낸다.

"새로이 드러나고 있는 사실 등을 감안할 때, 대한민국과 국민을 지키기 위해서 윤석열 대통령의 조속한 직무집행정지가 필요하다고 판단한다."

(2024/12/06, 국민의힘 긴급 최고위원회의)

이 발언은 한동훈이 비상계엄의 재발 가능성을 우려하며, 대통령의 직무집행정지를 주장한 순간이다. 그는 국가와 국민의 안전을 최우선으로 삼아 어려운 결단을 내렸다. 이 말은 그의 책임감과 용기를 보여준다.

사회적 약자와 미래 세대에 대한 애정

한동훈은 약자와 미래 세대를 위한 따뜻한 마음을 행동으로 보여줬다. 그의 발언들은 단순한 공감이 아니라, 실질적인 변화를 추구하는 의지를 담고 있다.

"범죄 피해 그리고 이런 테러 피해는 진영의 문제라든가 당의 문제가 아니다." (2024/01/25, 배현진 의원 피습 사건 후)

이 발언은 한동훈이 정치적 진영을 떠나 약자를 보호하려는 태도를 보여준다. 그는 범죄 피해자를 위해 단호히 나섰다.

"연금 개혁이나 정년 연장 문제에 있어서 청년들의 목소리가 많이 반영돼야 한다. 저희 같은 세대보다 여러분이 그 영향을 오랫동안, 직접적으로 받을 것이다. 그런데 지금의(정치) 구조는 그러지 못하는 면이 있다."
(2024/11/29, 청년 대표들과의 정책 토크콘서트)

이 발언은 한동훈이 청년의 목소리를 정치에 반영하려는 의지를 보여준다. 그는 미래 세대를 위해 구조적 변화를 약속했다.

정치적 비판, 날카로운 칼날

한동훈의 비판은 예리하고 직설적이다. 그는 상대를 공격하는 데 그치지 않고, 법치와 민심을 지키려는 의지를 담았다.

"민주당은 대한민국 사법부를 '자판기'처럼 생각하는 것 같다. 아무리 뻔뻔하면 스타일이 되고, 쭈뼛거리면 먹잇감이 된다고들 하지만, 이건 뻔뻔함의 수준을 넘은 것이다. 나라를 망가뜨리고 있다."
(2024/11/15, 페이스북)

이 발언은 더불어민주당의 사법부 활용을 비판하는 그의 날카로운 통찰을 보여준다.

결국, 한동훈

국민을 향한 약속과 성찰

한동훈은 국민을 최우선으로 삼았다. 그의 약속과 성찰은 진심으로 다가왔다.

"지난 두 달 동안 많은 분의 말씀을 경청하고 성찰의 시간을 가졌다. 머지않아 찾아뵙겠다." (2025/02/26, 페이스북)

이 발언은 한동훈의 겸손함과 정치적 재기를 다짐하는 의지를 보여준다.

지금까지 살펴본 바와 같이, 한동훈의 어록은 정의, 용기, 헌신의 기록이다. 그의 말과 행동은 대한민국 현대사의 한 페이지를 장식하며, 앞으로도 우리를 사로잡을 것이다.

한동훈 21대 대통령 선거 출마 선언
(전문)

사랑하고 존경하는 대한국민 여러분, 그리고 당원 동지 여러분. 저에겐 언제나 국민과 당원이 먼저입니다. 당연하지만 실천하기는 어려운 이 말은 이 나라 대한민국의 가장 큰 원칙이어야 합니다. 그래서 저는 국민이 먼저인 나라, 성장하는 중산층의 나라, 실용이 이념을 이기는 나라를 만들겠습니다. 오직 그 마음 하나로, 정치교체, 시대교체, 세대교체를 이루겠습니다. 저는 21대 대통령선거에 출마합니다. 벌써 30년도 더 된 얘기입니다만, 1992년 봄, 저는 대학 1학년생이었습니다. 벚꽃 필 무렵이니 이맘때쯤이었던 것 같습니다. 당시 말로 길보드에서 자주 흘러나오는 노래가 하나 있었습니다. 제가 푹 빠졌던 기억이 납니다. 처음에는 기성 평론가들로부터 '저게 음악이냐'는 최악의 혹평을 받았습니다. 다른 한편에선 원래 록밴드에서 베이스를 치던 로커가 랩과 댄스를 하는 것에 대해서 배신감을 느낀다는 사람들도 많았습니다. 그런데 얼마 지나지 않아 그는 시대를 바꾸는 문화 대통령이 됐습니다. 가수는 서태지, 노래는 '난 알아요'였습니다. 시대교체는 어느 한 순간 폭발하듯이 일어납니다. 물이 100도에 끓듯이 말이죠. 우리 역사에는 지금의 대한민국을 만든 결정적인 장면들이 있었습니다. 이승만 대통령의 농지개혁은 지주의 나라를 국민의 나라로 바꾸었습니다. 박정희 대통령의 중화학공업 육성은 한강의 기적을 이뤘습니다. 김영삼 대통령의 하나회 척결과 금융실명제 결단은 투명한 민주사회로의 길을 만들었습니다. 이 모든 것은 대한국민의 피·땀·눈물 덕분이었습니다. 뛰어난 정치리더십이 있기에 가능했습니다.

대한국민 여러분 우리는 위대합니다. 학생들이 똑똑해서, 혹은 소득이 높아서, 또는 유행하는 K-문화처럼 끼가 충만해서, 그래서 위대한 것만은 아닙니다. 우리가 위대한 것은 어떤 위기 상황에도 국민이 주체가 돼 스스로 역사를 개척해 왔다는 사실 때문입니다. 결국 답은 자유민주주의 대한민국입니다. 여러분 인간의 가치 중 비교적 덜 중요한 것들을 하나씩 하나씩 지우다 보면 마지막에 두 가지가 남을 것 같습니다. 하나는 스스로 자신의 삶을 선택할 만큼 자유로워야 한다는 것이고, 다른 하나는 모든 인간은 평등하고 존엄하다는 것입니다. 그래서 우리는 자유와 평등을 나라의 근간으로 삼았습니다.

이처럼 자유와 평등의 길을 택한 것은 우리 자신입니다. 해방 후 북한과 우리는 서로 다른 길을 갔지만 어느 선택이 옳았는지는 지금의 현실이 증명합니다. 그 누구도 '가지 않은 길'이었고, 누구도 성공하지 못한 길이었습니다. 하지만 그 선택은 오늘의 모든 것을 바꿔놨습니다. 균등한 기회는 청년의 꿈과 미래를 낳고, 자유에서 파생하는 자율과 개별성, 다양성의 가치는 대한민국을 일으켜 세웠습니다. 그 결과 반세기 만에 우리는 산업화와 민주화를 동시에 성취한 유일무이한 국가로 우뚝 섰습니다. 대한민국이 특별한 것은 우리 스스로의 운명을 주권자의 의지로 개척해왔다는 데에 있습니다.

다시 우리는, 새로운 시대의 부름 앞에 섰습니다. 우리 손으로 미래를 결정할 선택의 순간입니다. 새로운 시대로 나아가기 위해서 저는, 먼저 이 나라 정치인의 한 사람으로서 국정의 한 축인 여당을 이끌었던 사람으로서 국민께 진심으로 사과드립니다. 국민께 죄송하다는 말씀을 드립니다. 우리 정치에 상식과 이성이 마비된 광풍이 몰아치는 사이, 기본적인 원칙도, 절제의 미덕도 잃어버렸습니다. 오직 서로를 물어뜯고 상대를 쓰러뜨리려는 정

결국, 한동훈

치가, 온 국민을 갈등과 분열로 몰아넣었습니다. 그 과정에서 벌어진 비상계엄과 30번의 탄핵은, 헌정 질서를 무너뜨리고, '우리나라가 이런 나라였나'할 정도로 국민의 자존심에 크나큰 상처를 냈습니다. 헌법재판소가 지적한 것처럼 30번의 탄핵소추와 일방적 법안 처리를 남발한 이재명 민주당의 책임도 대단히 큽니다. 국민 여러분. 헌법재판소의 탄핵 인용 결정으로 이제 남은 것은 이재명 대표뿐입니다. 그가 형사 법정에서 심판받기 전에 우리 국민은 그걸 기다리지 않고 이번 선거에서 심판할 것입니다. 우리는 법원의 선고가 아니라 국민의 선거로 이재명 민주당을 이길 것입니다. 국민 여러분. 우리가 이깁니다. 저 한동훈은 그나물에 그 밥처럼, 사람만 바꾸며 적대적 공생을 해온 구시대 정치를 끝장내겠습니다. 보수와 진보, 영남과 호남, 화이트칼라와 블루칼라처럼 고정된 틀에서 택일을 강요하는, 기득권 정치의 막을 내리겠습니다. 국민이 아니라 정치인만 좋은 지금의 정치를 깨부수겠습니다.

우리는 정치를 교체하고, 세대를 교체하고, 시대를 교체해야합니다. 먼저 수명이 다한 87체제부터 바꾸겠습니다. 대통령의 권력남용 가능성 뿐 아니라 민주당 같은 다수의 횡포도 개혁하겠습니다. 그래서 저는 4년 중임의 분권형 대통령제와 양원제를 약속드립니다. 전체 국회의원 숫자는 늘리지 않겠습니다. 대신 비례

대표를 없애고 상원을 도입하겠습니다. 상원은 중대선거구로 만들어서 어느 한쪽이 지역주의에 기대어 다 가져가지 못하게 하겠습니다. 그래야만 극단의 정치를 깰 수 있습니다. 감시의 성역이 돼버린 선관위 문제도 이번 개헌을 통해 해결하겠습니다. 나라를 위해 헌신한 영웅들을 차별하는 이중배상금지 조항도 폐지할 것입니다. 87헌법은 권력구조만 대통령직선제로 바꿨을 뿐, 70년대 유신헌법의 틀을 벗어나지 못했습니다. 그래서 이번엔 미래를 뒷받침할 경제, 사회, 과학 등 헌법조항도 바꿔야 합니다. 국민의 삶과 동떨어진 정치적인 개헌을 넘어, AI 혁명과 복지국가로 가는 새로운 번영의 길을 함께 이야기해야 합니다.

대통령과 국회의원 임기의 시작과 끝을 맞추기 위해서 저는 다음 대통령 선거와 총선을 동시에 실시할 것을 제안합니다. 그래야만 극단적 정쟁이 되풀이되는 것을 막을 수 있습니다. 아울러 이번 대통령은 3년 뒤 열리는 대선에도 출마하지 않아야 합니다. 저는 그렇게 하겠습니다. 지금까지 개헌하자는 말만 무성했지 실천하지 못했던 것은 시대를 바꾸고자 하는 의지보다 권력자의 욕망이 컸기 때문입니다. 이번 대선의 후보들은 모두 책임과 희생의 자세를 보여야 합니다. 그래야만 시대를 바꿀 수 있습니다. 그래야만 우리 미래를 밝게 할 수 있습니다. 저는 새시대의 주인공이 아니라 구시대의 문을 닫는 마지막 문지기가 되겠습니다.

　존경하는 국민 여러분. 시대교체를 완성하려면 세대교체도
필요합니다. 지금 세상은 너무 빨리 돌아가고 있습니다. 변화에
적응하려면 개혁적이고 유연한 인물이 대통령이 되어야 합니다.
참모들이 써준 보고서를 머리로만 이해하는 대통령이 아니라, 일
상의 삶에서 변화를 경험하고 미래의 방향과 문제 의식까지 이
뤄낼 수 있는 대통령이어야 합니다. 저 한동훈이 바로 그런 대통
령이 되겠습니다. 아울러 86정치인들도 그만 기득권을 내려놔야
합니다. 이들은 몇 년의 학생 운동 경력으로 90년대 정치에 발을
들여서 기득권이 되고 아직까지도 주류입니다. 그러나 당시 여러
분 같은 중산층과 넥타이 부대가 없었다면, 민주화에 평생을 바
친 김영삼 전 대통령 같은 위대한 정치 지도자가 없었다면, 무엇
보다 이제는 생활인으로 돌아가는 다수의 86세대가 없었다면 민
주화는 요원했을 것입니다. 이제 86정치인들은 우리 사회의 주축
인 86 이후의 세대가 스스로의 운명을 개척할 수 있도록 자리를
내줘야 할 때입니다.

　우리가 이런 시대 교체를 통해서 만들려는 나라는 너와 나,
우리 모두가 행복한 나라입니다. 누구나 노력하면 원하고 꿈꾸
는 삶을 살아갈 수 있어야 합니다. 그러기 위해서는 무너진 계

층의 사다리를 세워야 합니다. 다시 청년들이 꿈꿀 수 있고, 중장년층은 내일의 희망을 가지며, 어르신 세대들은 미래를 걱정하지 않는 나라를 만들어야 합니다. 국민이 느끼는 삶은 여전히 힘든데도 통계상 그 정도면 괜찮다며 무책임한 말을 하는 대통령은 되지 않겠습니다. 정치가 국민을 보듬고 국민이 정치를 걱정하지 않도록 여러분의 소중하고 평화로운 일상, 아주 보통의 하루를 지켜드리겠습니다. 아침에 눈을 떠서 출근하고 저녁엔 가족 친구들과 식탁을 마주할 수 있는 그 평범한 하루가 온전히 행복할 수 있도록 하겠습니다. 국민 한 분 한 분의 아주 보통의 하루가 지켜질 때 정치도 정책도 의미가 있습니다. 저 한동훈의 정치는 거창한 구호보다 바로 그 보통의 하루를 지켜내는 데서 출발하겠습니다. 무너진 중산층을 일으켜 세우고 경제의 허리를 두툼하게 키워서 안정적으로 성장하는 나라를 만들겠습니다.

그래서 저는 미래와 성장, 실용을 최우선 목표로 제시합니다. 지금은 국가가 직접 뛰어드는 경제전쟁의 시대입니다. 노골적으로 블록화된 국가 주도 경제전쟁의 시대에서는 민간에만 맡기고 손 놓고 있을 수는 없습니다. 작은 정부가 아니라 강력한 리더십을 발휘할 유능하고 좋은 정부가 필요합니다. 트럼프 행정부가 발 벗고 뛰듯이 우리도 정부가 대놓고 적극적으로 나서야 합니다. 돈으로 살 수 없는 것들이 늘어나고 기업 혼자 할 수 없는 것들이 늘고 있습니다. 관세 장벽과 블록 경제의 시대엔 국가와 기업이 함께 뛰어야 합니다. 역설적으로도 들릴 수도 있지만 지금의 경제전쟁 상황에서는 과거 산업화 시기 박정희 대통령과 같은 강력한 경제 대통령의 리더십이 절실히 필요합니다. 산업화 시기 대규모 SOC 사업에 투자가 필요했던 것처럼 AI 전환의 시대 즉, AX시대에는 정부의 전폭적인 지원이 있어야 합니다.

그래서 저는 경제전쟁에 임한다는 각오로 워룸을 만들겠습니다. 소규모 스타트업부터 대기업까지 시장 참여자들이 원하는 혁신을 이루겠습니다. 대통령이 직접 경제사령탑이 되겠습니다. 변화의 속도가 빠른 시대에 발맞춰서 과거 5년 단위가 아니라 미래성장 2개년 계획을 입안하고 실천하겠습니다. 반드시 성과를 내겠습니다. 민간의 자율성도 최대한 발휘되도록 혁신 생태계를 조성할 것입니다. 수많은 경제 정책이 있지만 어떤 정부도 시장 참여자들의 집단 지성을 이길 수는 없습니다. 자신의 노력으로 더 나은 성취를 이루고 노력에 따른 보상이 공정하게 이루어질 수 있는 시스템을 만들겠습니다. 그래야만 혁신적인 교육과 연구 기술이 강물처럼 흐르는 생태계를 조성할 수 있습니다. 이를 위해서 국가적인 연구 개발과 산업 시스템을 책임질 수 있는 가칭 미래전략부를 신설하겠습니다.

산업혁명은 인간의 체력을 극복했고, AI 혁명은 인간의 지력을 극복하게 될 겁니다. 여러분, 우리는 산업혁명에 올라타는데 실패해서 나라까지 뺏겼습니다. AI 혁명에서는 반드시 우리가 주인공이 되어야 합니다. 이건 우리 모두의 역사적인 사명입니다. AX 시대는 산업혁명보다 훨씬 큰 격변기입니다. 이 흐름에 올라타서 AI 3대 강국, AI G3로 발돋움하고 로봇, 반도체, 에너지, 바이오를 포함한 초격차 5대 사업 분야 Big 5를 집중 육성하겠습니다. 국가적인 역량을 동원해서 대한민국의 미래를 책임질 산업과 기술에 투자하겠습니다. 그렇게 해서 기술 강국 대한민국이 글로벌 생태계의 중심에 설 수 있도록 하겠습니다. 이를 통해서 국민소득 4만 달러, 중산층 70%의 시대를 만들겠습니다. 고착화된 양극화를 넘어서 노력하면 누구나 중산층이 될 수 있는 성장하는 중산층의 시대를 열 것입니다.

중산층은 대한민국의 허리입니다. 중산층이 두터워야만 경제도, 사회도 안정됩니다. 취약 중산층이 구석으로 내몰리지 않고 서민들도 의지와 노력만 있다면 누구든지 중산층이 될 수 있는 시대를 열겠습니다. 중산층이 두터워지면 정치적인 중도층도 커질 겁니다. 지금의 한국 정치는 양극단의 목소리가 과잉 대표되고 있습니다. 그러다 보니 중간층의 생각은 무시되기 일쑤입니다. 민주주의에는 중산층이 필요하다라는 말처럼 합리적이고 상식적인 목소리를 가진 중도층이 늘어야 합니다. 그래야 자유민주주의도 굳건해질 겁니다. 저는 그동안 보수 정당에서는 중점적으로 강조되지는 않았던 중도와 중용의 가치를 중시하는, 성장하는 중산층의 시대를 열겠습니다.

수도권과 비수도권의 격차 해소는 성장의 근간입니다. 지역의 격차를 해소하지 못하고 여기 지역에서 오신 분 많이 계시지 않습니까? 장기적인 국가 경쟁력도 떨어집니다. 행정구역 개편 같은 거버넌스도 중요하지만 진짜 필요한 것은 실제로 지역에 사는 국민의 삶을 어떻게 바꿀지입니다. 수도권 집중 문제를 해결하기 위해서 균등하게 나눠서 지원하려는 시도들이 지금까지 있었지만 아쉽게도 성공하지 못했습니다. 저는 역발상으로 수도권 집중의 문제를 오히려 집중으로 풀겠습니다. 전국에 5개 서울을 만들겠습니다. 경제, 산업, 문화의 중심인 거점 도시를 토대로, 5대 메가폴리스를 구축하겠습니다.

존경하는 국민 여러분, 매서운 물가상승과 가벼운 유리지갑 탓에 삶이 팍팍합니다. 하지만 우리 정치인들은 기업을 대상으로 법인세를 깎느냐 마느냐는 말해왔어도, 열심히 사는 국민들의 근로소득세는 내릴 생각을 안 해왔습니다. 저는 근로소득세를 낮춰서 중산층과 서민의 실소득을 늘리겠습니다. 근로소득은 자신이 노력한 만큼 버는 것이기 때문에 근로소득을 낮추면 계층의 이동에도 도움이 됩니다. 치솟는 물가도 잡겠습니다. 물가 인상을 압박하는 가장 큰 요인은 에너지 가격입니다. 저는 에너지 영역에서의 과도한 PC주의를 걷어내고 에너지 가격을 안정시키겠습니다. 그래서 물가를 안정시키겠습니다. 민주당 정부가 해왔던 재생에너지 위주의 정책은 우리 여건에 맞지 않습니다. 과감하게 손질하겠습니다.

우리의 실정에 맞는 물가도 잡고 국가 경쟁력도 키울 수 있는 안전하고 평화로운 원전 정책을 실행하겠습니다. 국민 여러분, 선진국이 되기 전에 우리는 맹목적으로 성장만 얘기했습니다. 그러나 선진국이 된 지금은 성장의 목표가 분명해야 합니다. 바로 성장과 복지의 선순환입니다. 우리의 목표는 너와 나, 우리 모두가 행복한 복지국가를 만드는 것입니다. 약자 복지라는 기존의 패러다임을 넘어서 중산층도 함께 누릴 수 있는 모두의 복지를 실천하겠습니다. 보육과 교육, 고용과 주거, 의료와 간병 등 국민 개개인의 생애 주기에 초점을 맞춘 맞춤형 복지는 성장으로 선순환될 것입니다. 성장은 복지의 화수분이 되고 복지는 성장의 마중물이 될 것입니다. 그러나 저의 복지 정책은 세금 퍼주기로 미래 세대에 빚을 지우는 무책임한 복지가 아닙니다.

결국, 한동훈

복지의 구조조정을 통해서 효율성을 높일 것입니다. 크고 작은 복지 혜택이 수천 개에 이르지만 전부 쓰이질 못합니다. 여러분 수천 개의 복지 혜택이 뭔지 아시지도 못하지 않습니까? 그래서 저는 한 평생 복지 계좌를 만들어서 개인이 복지 혜택을 직접 통합 관리할 수 있게 할 것입니다. 다른 정치인들이 관념에 빠진 탁상공론으로 시간을 허비할 때, 저 한동훈은 이와 같은 실용적인 정책으로 국민의 삶을 직접 챙기겠습니다. 급변하는 글로벌 질서 속에서 우리는 새로운 기회를 얻어야 합니다. 블록화 된 세계 경제에서 한미 동맹을 강화하는 것은 다른 나라를 싫어해서가 아닙니다. 그것이 우리 국민에게 이익을 주기 때문입니다. 실리를 중시하는 트럼프 행정부와의 협상에서는 조선과 반도체, 원전 등 우리의 카드를 꼭 손에 쥐고 경제적 실리를 얻어야 합니다. 그래서 오늘날 같은 경제전쟁의 시대에는 무역도 안보와 직결됩니다.

그렇기 때문에 민주당이 안 된다는 겁니다. 저는 경제 NATO의 창설을 제안하겠습니다. 국가 단위의 경제 강압에 공동 대응하자는 것입니다. 가칭 무역과 기회를 위한 새로운 동맹입니다. 예컨대 중국의 한한령 같은 조치가 내려지면 호주, 일본, 대만 등과 블록을 결성해서 상황에 따라서 공동으로 대응하는 것입니다. 블록 안에서의 경제 협력을 통해서 시너지도 낼 수 있을 것입니다. 안보 본연의 역할도 다하겠습니다. 탄탄한 한미 동맹을 바탕으로 한 치의 빈틈도 허용하지 않겠습니다. 핵잠재력과 핵추진 잠수함 등을 확보해서 어떤 도발에도 흔들리지 않는 강력한 안보 체계를 구축하겠습니다. 대한민국의 오늘을 만든 국가유공자와 보훈 가족들에게 확실한 예우와 존경을 약속합니다. 영웅들의 희생이 헛되지 않도록 그들의 명예와 자부심을 끝까지 지키겠습니다.

저는 공직과 정치 인생 내내 일관되게 제복 입은 영웅들을 존경하고 제대로 예우하는 것에 전력해왔습니다. 국민이 안전한 나라는 필수입니다. 어린이부터 어르신까지 국민 모두가 안전한 일상을 누릴 수 있도록 반드시 대한민국을 만들겠습니다. 국민의 안전은 국가가 지켜야 할 첫 번째 책무입니다. 저는 무슨 일이 있더라도 끝까지 보호하고 책임지겠습니다. 한국형 제시카법, 가석방 없는 무기형 도입, 촉법소년 연령 조정 등 구체적이고 실효적인 정책으로 범죄로부터 안전한 나라를 만들겠습니다. 청년 여러분, 그 과정에서 억울한 분들이 절대로 생기지 않도록 무고 등에 대한 대책도 강화하겠습니다.

윤석열 대통령의 모든 정책들이 저평가되어서는 안 됩니다. 영웅에 대한 예우와 자유진영의 협력 외교를 강화한 것은 큰 성과입니다. 원전 생태계를 복원해서 에너지 산업 발전을 본 궤도에 올린 것은 대단한 성과입니다. 추진하려던 좋은 정책들은 더 발전시키겠습니다. 노동 약자를 위한 보호법도 마찬가지입니다. 근로기준법에 포함되지 않고 노조로부터 보호받지 못하는 플랫폼 종사자와 프리랜서 같은 노동 약자를 위해 법을 반드시 제정하겠습니다. 모든 노동자가 존엄을 지키면서 일한 만큼 보장받을 수 있는 근로 환경을 조성하겠습니다. 다만 약속드립니다. 정책을 만들고 실행하면서 새로운 세대의 전문가들과 심도 깊게 논의하고 그 과정에서 국민의 목소리를 경청하겠습니다. 듣고 또 듣겠습니다. 무엇보다 청년의 미래를 소홀히 하지 않겠습니다. 사회에 첫 발을 내딛는 청년들이 생애 첫 주택을 소유할 때 과감히 규제를 완화하여 자산 형성을 돕겠습니다.

국민연금도 시대에 맞게 과감히 바꿔야 합니다. 어르신들의 노년도, 청년들의 현재와 미래도 모두 중요합니다. 국민연금이 청년 세대에 대한 희생을 볼모로 운영되어서는 안 됩니다. 청년 세대가 청년의 미래가 대한민국의 미래이기 때문입니다. 저출산 문제는 접근하는 발상부터 바꾸겠습니다. 우리 사회는 아이는 원하면서 정작 부모는 원하지 않고 있습니다. 부모 입장에서 아이 낳고 키우는 것이 행복한 나라로 만들겠습니다. 부모가 경력 단절의 걱정 없이 일과 가정이 양립할 수 있도록 사교육비 걱정 없이 공교육의 틀 안에서도 차별 없이 좋은 교육을 받을 수 있도록 하겠습니다. 무엇보다 꿈마저 가난한 희망의 양극화가 일어나지 않도록 교육격차를 해소하겠습니다. 또한, 대학 운영의 자율성을 강화해서 대학을 국가 혁신 생태계의 핵심 주체로 육성하고, 대학이 산업과 지역 맞춤형 인재를 양성할 수 있도록 적극 지원하겠습니다.

문화와 예술은 우리 대한민국의 자부심입니다. 글로벌 문화를 선도하는 K콘텐츠를 더욱 풍요롭게 하겠습니다. 또한, 프랑스의 문화지방사업국 DRAC처럼 지역별 특색에 맞게 문화사업과 활동을 총괄하는 지역문화협력센터를 설치해서 전국 각지에 다양한 문화자원을 활성화하겠습니다. 문화가 곧 힘이 되는 소프트파워 강국, 저 한동훈이 반드시 꽃피우겠습니다.

사랑하고 존경하는 당원동지 여러분, 저는 여러분이 계엄과 탄핵으로 고통받은 마음에 깊이 공감합니다. 그 고통을 끝까지 함께 나누겠습니다. 그 고통을 제가 더 많이 더 오래 가져가겠습니다. 그러나 그것은 대한민국의 지향점인 자유민주주의로 가기 위한 하나의 과정입니다. 보수의 핵심 가치인 자유주의와 법치주의를 지키고 책임을 다할 때 우리는 다시 승리할 수 있습니다.

헌법재판소의 결정문을 보면 사실상 탄핵된 사람이 한 명 더 있습니다. 바로 이재명 대표와 민주당입니다. 여덟 명의 헌법재판관들은 모두 이재명 대표와 민주당의 전횡과 횡포를 구체적으로 준엄하게 비판했습니다. 30번의 탄핵소추와 41건의 단독 입법 처리로 협치를, 대한민국을 저버렸기 때문입니다. 바로 그 사람이 대통령이 되어 입법, 행정, 사법을 움켜쥔 독재 정권을 만들려 하고 있습니다. 우리의 현재와 미래를 망치려 하고 있습니다. 바로 그렇기 때문에, 지금 우리 앞에 놓인 것은 단순한 선거가 아닙니다. 이건 전쟁입니다. 우리가 평화롭게 누려온 일상을 보호하고 미래를 지키기 위한 처절한 전쟁입니다. 서서 죽을 각오로 싸워서 우리와 우리 아이들의 미래를 지켜내야 합니다. 자신의 권력을 위해서라면 나라의 운명도 내버릴 수 있는 위험한 정치인과 그를 맹신하는 극단적 포퓰리스트들로부터 우리의 미래를 지켜야 합니다.

지금 우리는 자유민주주의의 최전선에 서 있습니다. 광복 후 80년간 피땀 흘려 이룩한 자랑스러운 대한민국의 역사가 무너지기 일보 직전입니다. 이런 결정적 시기에 위험한 사람이 대통령이 되고 괴물정권이 탄생해서 나라를 망치는 것을 막아야 합니다. 그들의 전략은 뻔합니다. 오직 비상계엄 상황을 무기 삼아 그때 뭘 했느냐며 우리를 공격할 것입니다. 안타깝지만 자유민주주의를 사랑하는 상당수 국민들이 공감하실 수 있습니다. 그렇다면 우리의 선택은 명확합니다. 그날의 비상계엄으로부터 자유로울 수 있는 사람, 겁이 나서 숨에 숨은 이재명 대표보다 먼저 국회로 향하고 제일 먼저 국민과 함께 막겠다고 한 사람, 저 한동훈이 맞서야 합니다. 그래야 이길 수 있습니다. 그러면 이길 수 있습니다.

여러분, 조용히 눈을 감고 마음속 깊은 곳에서 들려오는 소리에 귀를 기울여 보십시오. 누가 이재명과 싸워 이기겠습니까. 누굴 이재명이 제일 두려워하겠습니까. 수십 번의 탄핵과 입법 폭주로 무자비한 횡포를 부린 거대 야당으로부터 우리를 지킬 사람이 누구입니까. 국민의 한 표 한 표는 국민의 삶과 미래를 지켜내기 위한 소중한 무기입니다. 우리는 이기는 선택을 해야 합니다. 삶의 토대를 송두리째 흔들어 대는 저들로부터 우리의 소중한 가치를 잿빛으로 물들이려는 가장 위험한 사람으로부터 우리의 공동체와 미래를 지켜내야 합니다. 이 모든 것은 우리의 선택에 달렸습니다. 이 대한민국을 만들어온 우리 국민의 저력을 믿습니다. 방관할 것이냐, 절망할 것이냐, 포기할 것이냐 여러분의 손에 달렸습니다. 방관하지 마십시오. 절대 절망하지 마십시오. 절대 절대 포기하지 마십시오. 우리가 이깁니다! 대한민국이 이깁니다! 이기는 선택은 바로 한동훈입니다. 제가 여러분과 함께 압

결국, 한동훈

도적으로 이길 것입니다. 여러분, 의심하지 마십시오. 불안해하지
마십시오. 우리가 이깁니다!

감사합니다.

2025년 4월 10일 한동훈

에필로그

채 2년도 안 되는 정치인 한동훈의 여정은 순탄치 않았다. 검사 시절부터 강경한 태도, 정치에 입문한 이후에도 그의 이상주의와 강경함은 비판의 대상이 됐다. 일부는 그가 현실과 동떨어진 정책을 제안한다고 비판했고, 또 어떤 이들은 그의 강한 언행이 오히려 갈등을 부추긴다고 지적했다. 이런 비판은 물론 일리가 있다. 정치라는 무대는 이상만으로 움직이지 않으니까. 하지만 그는 이런 비판에도 불구하고 자신의 길을 걸어왔다.

그는 비판을 받아들일 줄 아는 리더다. 자신의 정책이 현실성이 떨어진다는 지적을 들으면, 그는 더 구체적인 대안을 제시하려 노력했다. 그의 강경함이 문제라는 지적에는 유연한 소통으로 답했다. 이런 모습을 보면 그는 고집 센 정치인이 아니라, 성장하

결국, 한동훈

는 리더라는 걸 알 수 있다. 그는 그 모든 걸 감수하며 국민과의 약속을 지키려 노력했다. 권력을 좇는 정치인이 아니라, 늘 나라를 걱정하는 리더로서 대중 앞에 진심을 보인 정치인이다.

한동훈의 이야기는 이제부터가 더 중요하다. 그는 조기 대선에서 대통령 후보로 출마했다. 그의 비전과 리더십은 이미 많은 이들에게 깊은 인상을 남겼다. 이제 그가 이 나라를 위해 쓰여야 할 때가 되지 않았나 싶다. 그의 미래는 물론 여러 변수에 달려 있다. 그가 자신의 원칙과 실용적 거버넌스 사이에서 균형을 잘 맞출 수 있느냐, 그리고 국민과의 신뢰를 계속 유지할 수 있느냐가 관건이다.

그 어떤 정치인보다 한동훈에게 가장 기대되는 건 아마도 기술 혁신과 관련된 그의 미래 비전일 것이다. AI와 블록체인을 국가 전략에 통합하려는 그의 제안은 한국이 글로벌 리더로 도약할 수 있는 발판이 될 수 있다. 물론 이런 비전이 현실이 되려면 넘어야 할 산이 많다. 기술적, 정치적, 사회적 장벽을 모두 극복해야 하니까 말이다. 하지만 한동훈이라면 가능하지 않을까? 그의 열정과 끈기를 보면 적어도 가능성은 충분해 보인다.

이 책을 마무리하며 한동훈이라는 인물에 대해 다시 한번 생각해 본다. 그는 단순한 정치인이 아니다. 정의를 위해 싸우고, 국민과 함께 미래를 꿈꾸는 리더다. 정의와 공정이 한낱 구호가 아니라 실천으로 이어져야 한다는 것, 국민과의 소통이 정치의 핵심이라는 것, 그리고 미래를 준비하는 리더십이 얼마나 중요한지를 한동훈이라는 인물을 통해 살펴보았다. 이 책을 덮으며 한동훈의 여정이 끝나는 게 아니라, 오히려 새로운 시작이 열리는 느낌이다.

한동훈은 우리에게 이렇게 말하는 것 같다. "미래는 우리가 함께 만들어가는 것이다. 나 혼자만의 비전이 아니라, 우리 모두의 꿈이어야 한다." 그의 말처럼 미래는 혼자 만드는 게 아니다. 우리 모두가 함께 고민하고, 함께 노력해야 만들어 갈 수 있다. 한동훈과 함께라면 그 미래가 더 밝고 희망적일 거라는 믿음이 든다.

이 책을 읽어준 독자들에게 고맙다. 한동훈의 이야기를 함께 나눌 수 있어서 좋았다. 이제 책을 덮고, 한동훈이 그려가는 미래를 함께 지켜보자. 그의 여정은 끝나지 않았다. 우리와 함께 계속될 것이다. 결국 우리 대한국민들은 한동훈을 선택할 것이다.